STEFANY VAZ com **FABIANE RIBEIRO**

Sonhos Refletidos

A HISTÓRIA DE **DUAS** MENINAS QUE **NÃO** TINHAM NADA EM **COMUM**

São Paulo
2018

Grupo Editorial
UNIVERSO DOS LIVROS

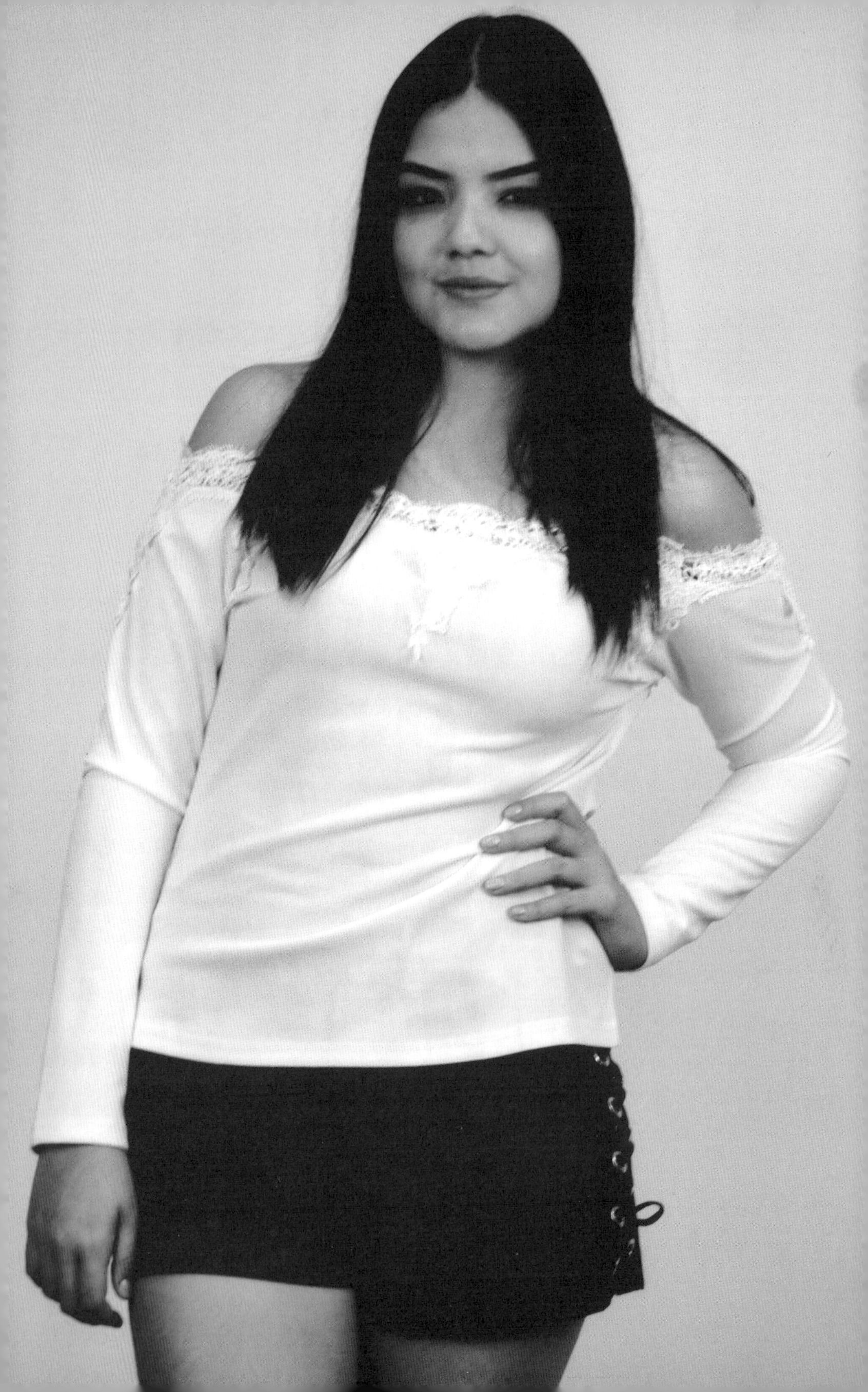

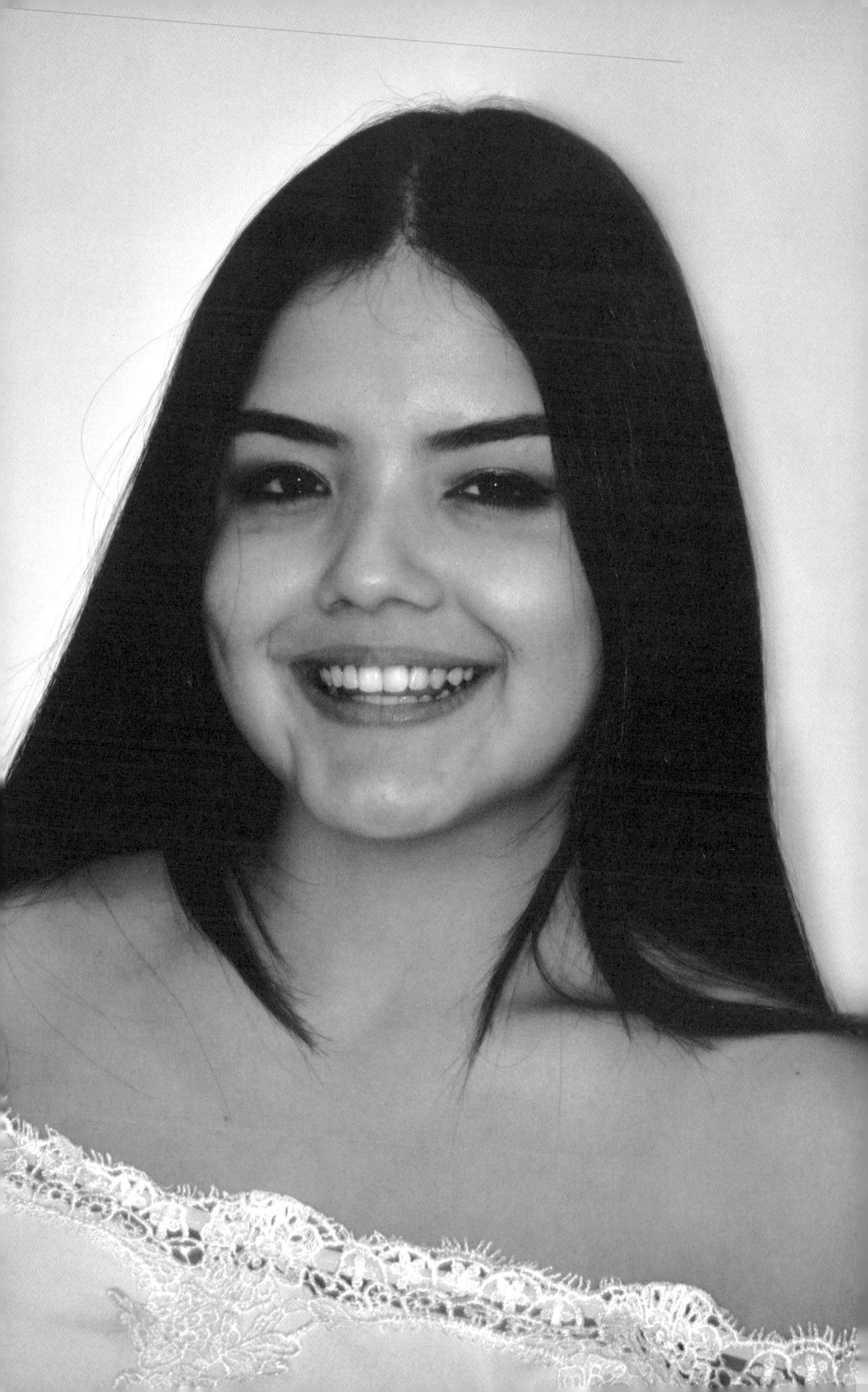

© 2017 by Universo dos Livros

Todos os direitos reservados e protegidos pela Lei 9.610 de 19/02/1998.

Nenhuma parte deste livro, sem autorização prévia por escrito da editora, poderá ser reproduzida ou transmitida sejam quais forem os meios empregados: eletrônicos, mecânicos, fotográficos, gravação ou quaisquer outros.

Diretor editorial: Luis Matos

Editora-chefe: Marcia Batista

Assistentes editoriais: Aline Graça e Letícia Nakamura

Preparação: Geisa Oliveira

Revisão: Cely Couto e Alexander Barutti

Arte: Aline Maria e Valdinei Gomes

Capa: Marina de Campos

Fotos de capa e de miolo: Fabrício Nedino

Ilustrações: Shutterstock

Dados Internacionais de Catalogação na Publicação (CIP)
Angélica Ilacqua CRB-8/7057

V497s
    Vaz, Stefany
    Sonhos refletidos / Stefany Vaz e Fabiane Ribeiro. – São Paulo : Universo dos Livros, 2018.
    144 p. : il.
    ISBN 978-85-503-0257-7

    1. Vaz, Stefany, 2003 – Biografia 2. Atrizes - Biografia 3. Carrossel (Filme cinematográfico) I. Título II. Ribeiro, Fabiane

17-1708   CDD 927

Universo dos Livros Editora Ltda.
Rua do Bosque, 1589 • 6º andar • Bloco 2 • Conj. 603/606
Barra Funda • CEP 01136-001 • São Paulo • SP
Telefone/Fax: (11) 3392-3336
www.universodoslivros.com.br
e-mail: editor@universodoslivros.com.br
Siga-nos no Twitter: @univdoslivros

Sua jornada para o estrelato, uma conversa animada com seus reflexos no espelho e um manual sobre como realizar seus sonhos.

Dedicatória

Tenho muita sorte de poder dizer que possuo três famílias diferentes. E é a elas que eu gostaria de dedicar este livro, que é baseado em minha história, mesclando realidade e fantasia.

À minha família biológica, que me ajudou desde o início e sonhou comigo, comemorando as vitórias e me apoiando nos momentos difíceis.

À família que escolhi e com a qual criei laços baseados no amor e no companheirismo, os meus amigos. Todos eles: de escola, de infância, de trabalho, companheiros de elenco e produção. Nós sempre compartilhamos sonhos, e o que realmente importa na vida é ter pessoas que compreendem aquilo que você busca e dão-lhe as mãos a cada novo passo do caminho.

Por fim, e não menos importante, gostaria de dedicar esta obra aos meus fãs, que são como minha família: sem vocês, nada disso seria possível.

Espero, de coração, que apreciem conhecer um pouquinho mais sobre o meu mundo e a minha jornada e que se inspirem para buscar os próprios sonhos e dividi-los com o mundo!

Com carinho,
Stefany

Sumário

Do chão às estrelas

Ferramentas e mãos à obra!	13
A menina que vivia no espelho	21
De olhos bem abertos	29
O Monstro de Rio Claro	41
Sonhos refletidos	53
O cãozinho que salvou o dia	61

Das estrelas ao infinito

A piada do piolho e o desafio em inglês	73
Ferramentas da vida	83
Descobrindo-se	93
Uma maré de boas notícias	101
Depoimentos das amigas	113
Um futuro brilhante	121
Guiada pelo coração	129
O livro da Clary	133
Epílogo	141

Do chão às estrelas

Sonhar é acordar-se para dentro.
– Mário Quintana

1. Ferramentas e mãos à obra!

Ela abriu os olhos e, com o coração acelerado, pensou que era manhã de sábado, seu momento favorito da semana. Gostava de ir à escola, de aprender e brincar com os amigos, e mais ainda de estar livre para sonhar. Correr pelas avenidas de sua imaginação, percorrer labirintos mágicos de sonhos que, depois, transformavam-se em montanhas altas, para que ela as escalasse até tocar o céu com a pontinha dos dedos.

Stefany nunca havia dito a ninguém, mas sua brincadeira secreta favorita era andar nas nuvens, pulando de uma para a outra, como se fossem de algodão.

Nas manhãs de sábado, estava trabalhando em um projeto secreto e especial. Fazia algumas semanas que arquitetava um plano perfeito. No auge de seus 4 anos, Stefany era muito observadora e, quando se tratava dos seus maiores sonhos, não media esforços.

Papai Vagner tinha uma caixa de ferramentas e, embora não a deixasse usá-las, por medo de algum acidente, permitia que lhe assistisse trabalhar. Fosse consertando uma perna da mesa, fosse pendurando um novo quadro na parede, Stefany achava curioso o pai estar sempre ocupado, usando aquelas ferramentas para reparar e construir coisas, das mais variadas maneiras. Isso fez com que seu grande plano começasse a tomar forma.

Certo dia, foi com o pai comprar uma nova chave de fenda. Era uma manhã de sábado bastante chuvosa, em São Paulo. Stefany calçara botas novas, particularmente confortáveis, para pular as poças de lama no caminho, além de uma capa de chuva decorada com nuvens e arco-íris que ganhara no último Natal e que, desde então, esperava a oportunidade perfeita para usar: um dia nublado e molhado como aquele.

Acompanhando-o até a loja, pensava em seus devaneios. Gostava da chuva e de como ela a fazia sentir-se andando no céu, tão próxima de seus sonhos. Não havia dia melhor do que aquele para pôr seu plano em prática.

Enquanto o pai conversava com o atendente, que, por sinal, parecia um velho amigo, Stefany soltou sua mão e andou pelos corredores, observando tudo com atenção. Em sua mente, dizia: *Vou precisar disso. E disso. E disso. Ah, disso também!*

Analisou tudo e fez uma listinha mental. Estava tão distraída que nem notou o pai se aproximar.

– Ah, aí está você! – ele falou, com alívio. Pegando-a no colo, continuou: – Desde quando tem interesse por ferramentas?

Stefany apenas sorriu. Após analisar os materiais de que precisava, era hora de partir para a segunda etapa do plano para que pudesse moldar e construir seus sonhos com ferramentas, como o pai fazia com as coisas que ela conhecia.

A etapa era elementar: convencê-lo a ir à loja de brinquedos. Por sorte, o tempo da capital paulista continuava a colaborar com o dia de Stefany. Uma vez que a chuva estava mais forte, eles não poderiam ir a um parque ou a uma praça, como Vagner pretendia. Em vez disso, foram direto para o shopping.

Excelente, ela pensou. Sorrindo, ao longo do caminho, Stefany sentiu o coração acelerar. Estava tão perto de realizar seu grande sonho! Só precisava de algumas ferramentas.

Já no shopping, segurando com força a mão do pai, ela o conduziu direto para sua loja preferida. Ele gargalhou quando entendeu o caminho tomado e a pressa demonstrada.

– Você é uma menina esperta! – falou, apertando a pontinha do nariz da filha. – E muito determinada. Tão pequena, e já sabe bem o que quer.

Ele não podia ter mais razão. Com a listinha na cabeça, Stefany foi direto para a prateleira das ferramentas de plástico. Em uma cestinha, colocou tudo de que precisava. Um ou outro elemento de sua pesquisa original ela não conseguiu encontrar na versão de plástico. Porém, nesses casos, improvisou com algum outro brinquedo parecido.

O pai estava a cada instante mais surpreso com a filha. Ela não apenas tinha ido direto para *aquela* sessão, em uma loja gigantesca de brinquedos, como colocara ferramentas diversas em uma cesta e caminhava direto para o caixa, sem nem olhar para trás.

Ele pensou em mandar que ela devolvesse tudo, mas a cena foi tão linda que, curioso, preferiu ver no que aquilo tudo ia dar. Além disso, estava orgulhoso de pensar que ela queria ter ferramentas como as dele. Seguiu a filha em silêncio, pagou a conta e, logo depois, viu que o passeio estava no fim.

Stefany queria voltar logo para casa. Os sonhos dão muito trabalho: ela não podia perder tempo.

Após o jantar, Selma e Vagner estavam se perguntando onde estaria a filha. Tudo parecia muito quieto e Stefany nem pedira sobremesa. Havia saído da mesa, apressada, dizendo ter algo urgente para resolver.

Mal sabiam eles que, naquelas palavras, estava o início de uma jornada de lutas, sonhos, alegrias e decepções que mudaria a vida de toda a família.

Naquelas palavras, estavam as sementes que uma garotinha começaria a plantar e que gerariam lindos frutos ao longo dos anos, principalmente por ser semeadas e regadas com o amor que os grandes sonhadores têm pelo futuro.

Ela podia não conhecer muita coisa sobre a vida, com 4 anos de existência, mas sabia o mais valioso segredo: a importância de lutar por aquilo que se quer, de todo o coração.

E foi após o jantar, nesse sábado chuvoso de São Paulo, que Vagner e Selma chegaram à sala e viram a filha executando seu primeiro grande plano.

Stefany estava concentradíssima, trabalhando com as ferramentas plásticas compradas mais cedo. Usava uma chave de fenda igual à do pai e até uma serra. O restante permanecia espalhado aos seus pés.

Os pais pararam para observar a cena por um momento. Palavras não cabiam naquele instante. Ela estava realmente tão determinada que não notou que haviam chegado à sala. Debruçada sobre a TV, usava as ferramentas de plástico no aparelho de forma enigmática, e até um pouco engraçada.

Selma, finalmente, não se conteve e disse:

– Filha, o que você está fazendo?

Assustando-se com a presença dos pais, Stefany virou-se, ainda segurando as ferramentas:

– Executando um plano.

– Certo – disse o pai. – Isso é ótimo. E que plano é esse?

– É segredo.

– Segredo? Bom, e se a gente prometer não contar a ninguém?

– Além disso – completou Selma –, a gente pode ajudar a executar o seu plano. Assim, você termina mais rápido.

Stefany ponderou o melhor a fazer. De fato, precisaria de ajuda. Não queria admitir, mas as ferramentas de plástico pareciam não estar funcionando, e ela estava muito frustrada com as tentativas em vão que tivera até ali.

– Tudo bem. – Deu-se por vencida. – Mas vocês prometem não contar a ninguém? Mesmo?

– Palavra de honra.

Respirando fundo, Stefany falou, e foi quando os pais viram um brilho novo em seus olhos:

– Eu preciso das ferramentas para abrir a televisão.

– Abrir a televisão, querida?

– Sim, mamãe. Preciso entrar nela. Meu sonho é estar dentro desse mundo!

Após um minuto de silêncio, em que os pais novamente não sabiam o que dizer, Vagner tomou a iniciativa:

– Há outros caminhos para isso, filha.

– Não, papai! Eu tenho que abrir a televisão! É o único jeito.

– Vamos fazer o seguinte. Nós ajudamos você com as suas ferramentas e, se não der certo, eu conheço um atalho até o mundo da TV.

– Um atalho?

– Outro caminho, que não envolve ferramentas.

– Você pode me levar?

– Nós podemos... conversar sobre isso.

Pulando no colo do pai, Stefany começou a rir. Em seguida, correu até as ferramentas espalhadas e entregou algumas para os pais:

– Primeiro, a gente tenta do meu jeito!

Orgulhosos por ver a filha tão determinada, os pais encararam o desafio das ferramentas de plástico. Embora não estivesse funcionando, ela não desistia.

– Por que vocês estão parados? Temos muito trabalho a fazer!

A chuva continuava, do lado de fora. Porém, ali dentro, entre serrinhas e martelos de plástico, nascia uma verdadeira estrela.

2.
A menina que vivia no espelho

Uma batida à porta fez Stefany despertar do cochilo. Ela abriu os olhos em sobressalto, com o coração acelerado.

– Quem é? – perguntou.

Nenhuma resposta.

– Mamãe?

Silêncio. Era meio da tarde. Ela estava brincando com as bonecas, sobre a cama, quando pegou no sono. Achando estranho ninguém ter respondido a suas perguntas, saiu do quarto e foi até a cozinha, onde a mãe estava.

– Oi, filha! Tirou um cochilo?

– Você me acordou.

– Eu? Não. Eu ia acordar você mais tarde. Por que diz isso?

– Nada – disse Stefany, dando de ombros, pensando que talvez tivesse sonhado com aquela batida à porta. Pegou um suco e ficou folheando uma revistinha junto da mãe.

Enquanto isso, algo que ela nem imaginava acontecia em seu quarto.

Clary bateu à porta, repetidamente.

– Ei, você! Está me ouvindo?

E continuou:

– Por que ela não está ouvindo mais? Funcionou, da primeira vez. Ou pareceu ter funcionado. – Batendo os pés com raiva no chão, falou para si – Ai, que tédio! Por que ninguém aparece?

Caminhou de um lado para o outro, abrindo as malas que estavam sobre a cama. Afinal, acabara de chegar de uma grande viagem. Não sabia de onde viera, nem onde estava, apenas que a viagem até ali fora longa. Começou a jogar as coisas no chão. Blusas, jeans, batons e diários. Tudo aquilo de que uma adolescente precisava.

– Por que eu tenho tanta coisa? – indagou, ao ver a bagunça no chão.

Sentada em meio às roupas, murmurou:

– Eu queria alguém para conversar.

Naquele instante, a garotinha que ela vira dormindo mais cedo voltou correndo para dentro do quarto, cena que ela pôde presenciar pela grande janela do próprio quarto.

– Até que enfim!

Porém, passados alguns minutos:

– Ei, por que você não me responde? Você... consegue me escutar, certo?

A garotinha, então, saiu do quarto carregando algo que tinha ido buscar, parecendo estar completamente alheia à presença de Clary.

Observando com mais atenção o local em que estava, ela passou as mãos pela janela, calculando e verificando tudo. E assustou-se ao compreender qual era a sua realidade.

– Eu estou dentro do espelho!

A garotinha do lado de fora do espelho dormia. A outra, do lado de dentro, perdera o sono.

– Eu só queria alguém para conversar. Queria entender tudo isso.

Com o olhar, ela vasculhou o quarto da menina e viu um conjunto de fotos na parede, com o título Mural da Stefany Vaz.

– Stefany, esse é o seu nome!

Nas imagens, Stefany parecia sempre feliz, ao lado de familiares e amigos.

– Está bem, já que a Stefany não pode me ouvir, você pode. É, você mesmo. Quem quer que seja você. Eu preciso falar algumas coisas e você é a única pessoa que pode me ouvir.

Respirando fundo, continuou:

– Bem, vamos começar pelo começo. Meu nome é Clary. Eu tenho 16 anos e, aparentemente, estou morando dentro do espelho de uma garotinha chamada Stefany. Isso não é o máximo? Na verdade, não é. É um tédio aqui, embora eu tenha acabado de chegar. Não sei de onde vim, nem para onde estou indo. Sinto que estou aqui só de passagem, no meio de uma jornada longa e muito importante. Conforme eu for me lembrando dos detalhes, contarei tudo a você. Agora, preciso tentar dormir. Estou exausta, mas o sono não vem. A Stefany já está dormindo, há horas. Que inveja! Bem, se eu parar de falar com você, talvez seja mais fácil pegar no sono.

Passados alguns minutos:

– Ainda não dormi, e você? Você não é do tipo que fala muito, não é?

Logo após, via-se uma cena interessante no quarto de Stefany. Ela dormia tranquila em sua cama, enquanto Clary dormia do lado de dentro do espelho.

– Até que eu gosto desse lugar.

Clary estava terminando de arrumar as coisas, trazidas de sua longa viagem, no quarto dentro do espelho. Era um local bastante grande, repleto de brilhos e reflexos, com uma janela e uma porta, na qual ela batera no dia anterior e que, misteriosamente, teve o primeiro toque escutado por Stefany. Quanto à janela, era nada mais nada menos que o vidro do espelho, do qual ela assistia à vida de Stefany.

Olhando em volta para o que já organizara em sua nova casa provisória, Clary disse, com um sorriso:

– Eu gosto deste lugar. Sim, definitivamente, gosto. Só não sei por que ele tem tantos mistérios. Minha origem e meu destino se escondem por entre fragmentos de um espelho, que agora me rodeiam constantemente.

E analisando mais de perto:

– É estranho contemplar-me dessa forma, em milhares de reflexos. Talvez... tudo tenha um sentido. Talvez, em meio aos fragmentos, estejam as respostas de que preciso. Sobre mim e aquilo que eu buscava antes de vir para cá. Sei que buscava algo muito importante e que era minha razão de viver.

Dobrou mais uma calça jeans e colocou-a no armário:

– Preciso olhar com mais atenção. Reencontrar-me. E, entre brilhos e reflexos, voltar a trilhar o caminho do meu grande sonho, que, no momento, não passa de uma imagem embaçada em minha mente.

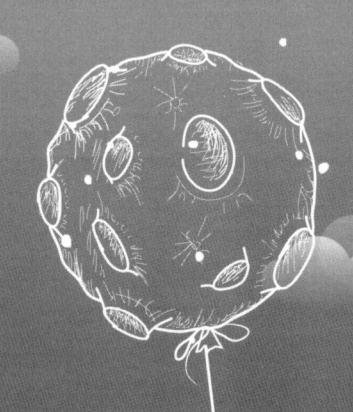

MANUAL DE SONHOS

Como se tornar um sonhador profissional

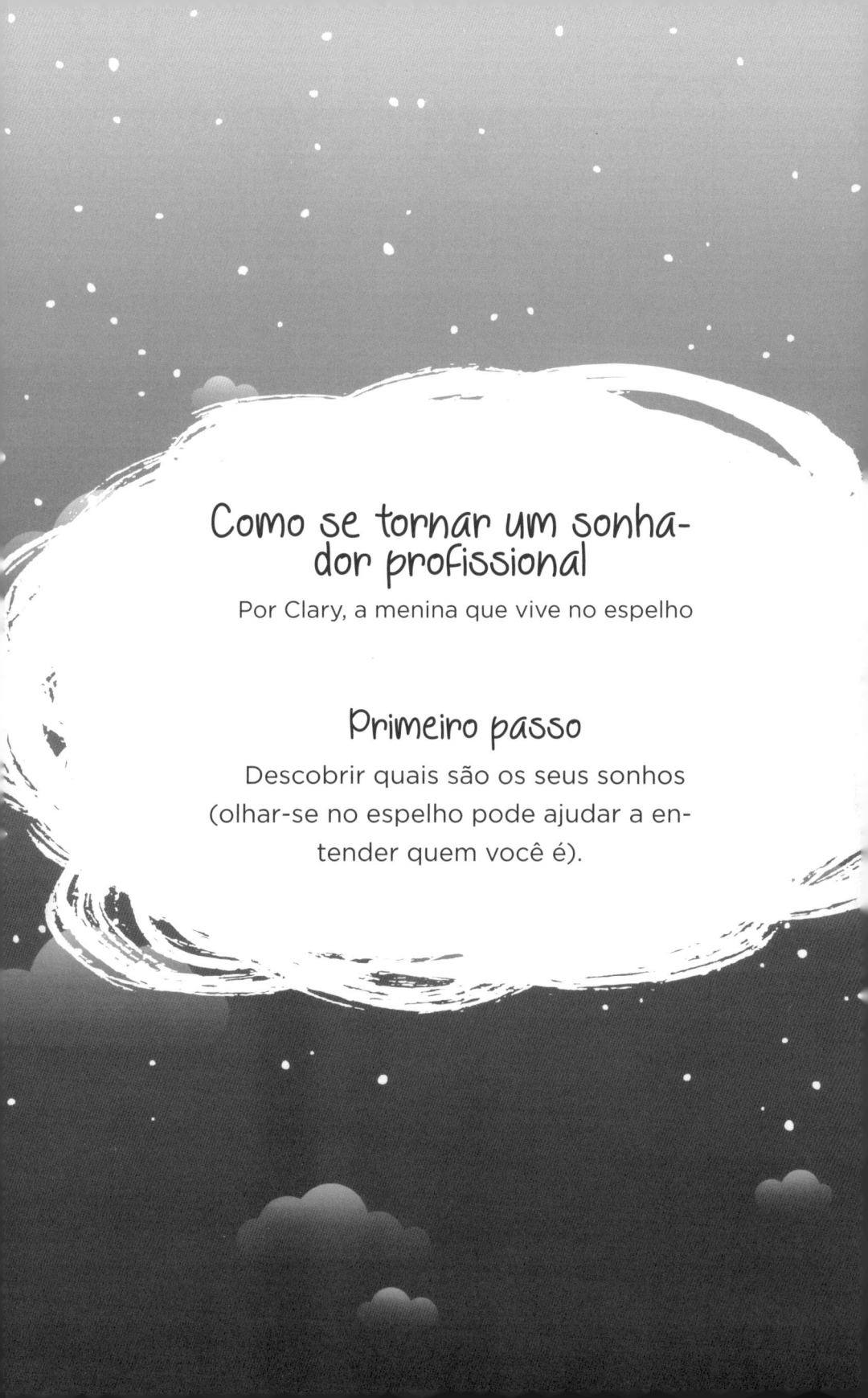

Por Clary, a menina que vive no espelho

Primeiro passo

Descobrir quais são os seus sonhos (olhar-se no espelho pode ajudar a entender quem você é).

3.
De olhos bem abertos

Quando vovó Miriam chegou para visitar Stefany, naquela tarde, encontrou-a sentada em um canto, aborrecida.

– O que aconteceu, querida? Onde está a minha menina, a mais sorridente deste mundo?

Emburrada, Stefany respondeu:

– Estou triste, vovó.

– Posso saber o motivo?

– Não, é particular.

– Ora, deixe disso, meu amor! Não há nada que não possamos resolver juntas.

Stefany contemplou a situação. Realmente, era como se ela e a avó se entendessem apenas com o olhar. Sempre foram grandes amigas e não havia nada que não resolvessem em família.

– Está bem. – Ela desistiu. – Eu queria quebrar a TV e entrar nela, naquele mundo de sonhos em que a própria realidade é uma fantasia. Eu queria tanto. Precisava estar lá dentro, mas não consegui. As ferramentas não funcionaram e ninguém me diz qual é o outro caminho para entrar na tv. Sabe, vovó? Eu fico assistindo a tudo e pensando no quanto gostaria de estar lá, de verdade.

– Se você sente isso, é porque aquele é o seu lugar. Seus pais devem estar um pouco inseguros, pois você é muito nova, mas tenho certeza de que serão os maiores incentivadores, se esse é o seu sonho. Deixe-me falar com eles.

A avó desapareceu por trás de uma porta. Só o que Stefany podia ouvir era o som abafado da conversa dos adultos. Estava ansiosa por qualquer resposta, pois sabia, lá no fundo, que aquele momento podia estar decidindo seu futuro.

Meia hora mais tarde, a avó Miriam apareceu e, sorrindo, disse:

– Está decidido. Amanhã, você e sua mãe vão visitar sua primeira agência!

– Isso é ótimo! – gritou Stefany, animada. Ela sentiu que aquele era o caminho alternativo para quebrar a tv, porém viu-se um pouco confusa. – E o que é uma agência, vovó?

A avó riu e a pegou no colo, decidida a explicar o quanto o dia seguinte seria um passo importante em sua vida.

Qualquer caminho para a realização de um sonho não é fácil. As pessoas costumam dizer que, se é fácil, é porque não vale a pena. Por outro lado, se for um caminho difícil, repleto de provações, é porque será o caminho de um verdadeiro sonho, e cada curva que ele nos apresentar será recompensada e nos ensinará a ser mais fortes e a nunca desistir.

Stefany, como grande sonhadora que era, aprendeu isso desde pequena. A ida à primeira agência não foi muito diferente da segunda ou da terceira. Durante um ano visitaram muitos lugares, em busca da grande oportunidade pela qual ansiavam. Ela jamais pensou em desistir ou procurar outro rumo. Era aquilo que seu coração queria. Tinha que entrar na TV!

Se sua única opção era bater à porta de agências (já que as ferramentas de plástico de nada haviam adiantado), assim seria. Atrás de cada porta havia uma nova possibilidade e podia ser a que Stefany estava esperando. Em seu coração, ela sabia que a encontraria.

Um ano se passou. Enquanto aguardava, a menina fez alguns cursos na área. Embora fosse muito pequena, tinha o talento de uma grande artista e estava sempre disposta a aprender.

Enfim, após uma espera que pareceu uma eternidade, ela conseguiu fazer o almejado ensaio fotográfico. E foi um sucesso! As fotos ficaram tão lindas que a levaram ao primeiro contrato com uma revista.

Seu sorriso estampava que seu coração estava conseguindo aquilo que sempre desejou. Definitivamente, a cada novo dia ela se aproximava mais de realizar seus sonhos. Esperando e estudando, Stefany não desistiu. E valeu a pena!

Muitos haviam dito que era uma besteira, que seus pais estavam loucos em apoiar aquilo, pois ela era "muito nova". Ou que ela "não tinha idade para saber o que queria".

Selma sorria perante esses comentários, não valia a pena discutir. A verdade era que Stefany sempre fora muito determinada e madura para sua idade e, desde pequena, sabia bem o que queria. A mãe pensava em como a filha passava horas em frente à tv, dançando e cantando, fantasiando estar nela. Não era prudente desestimular aqueles anseios, pois eles eram sinceros.

Durante a longa espera, Selma costumava dizer que era um tempo em que os sonhos estavam na "geladeira", esperando a hora certa de ganhar o mundo. Agora, no momento certo, a primeira oportunidade acontecia.

O primeiro trabalho foi melhor do que Stefany poderia imaginar. Todos ficaram impressionados ao ver como ela agia com naturalidade, como se já tivesse feito aquilo antes. Mais um sinal de que estava no caminho certo.

Ela se sentiu como se os bastidores das fotos para a revista fossem uma extensão da sua casa. Amou, de coração, cada segundo em que esteve ali, cada pessoa que a recebeu de braços abertos em um mundo tão novo, as maquiadoras, as pessoas por detrás das câmeras.

Tudo a fazia sorrir, maravilhada. Um novo mundo se descortinava diante dos seus olhos, embora para ela não parecesse ser apenas o primeiro trabalho. E foi tal sua naturalidade que, logo após o sucesso das fotos e da revista, ela conseguiu seu primeiro comercial para televisão. Era mais um grande passo.

Stefany mal podia acreditar no quanto estava feliz por estar subindo a escada rumo ao sucesso, degrau após degrau, com o apoio da família e sempre com muito amor pelo trabalho.

Na véspera da gravação, ela mal conseguiu dormir, assim como os demais parentes próximos, todos muito ansiosos. A mãe, orgulhosa e feliz, contava a todos que a filha estrearia um comercial importante. E era verdade. Ela brilhava cada dia mais. Cada conquista era motivo de nova satisfação em sua casa e para os que torciam para a pequena estrela que começava a se destacar.

O grande dia chegou e, dentro do estúdio, mais uma vez ela se sentiu em casa. Por ser muito pequena, no entanto, chegou até a ficar confusa, achando que não era realidade, só uma brincadeira, e que ela não ia de fato estar na TV.

Apesar de ver todos felizes ao seu redor e de ter se sentido tão agitada ao ouvir que estaria na TV, quando viu tudo à sua frente, e cada pedacinho dos bastidores, duvidou um pouco de que fosse mesmo real.

O diretor ajudou muito a fazer com que ela enxergasse a situação de forma lúdica. Ele dizia para ela pular antes de começar a gravar, para se sentir mais solta, desinibida e empolgada. Uma técnica que funcionava bastante.

Quando ela viu a atriz que seria sua mãe fictícia e o menininho que faria o papel de seu irmão, Stefany, criativa e tentando viver o sonho ao máximo, inventou uma história. Ela se convenceu de que seriam sua mãe e seu irmão e, olhando bem para eles, ficou imaginando do que gostavam ou não de fazer e comer, a que horas acordavam pela manhã e quais músicas preferiam escutar. Com isso, sentiu-se mais próxima dos dois e, na hora de gravar, ficou mais fácil.

A cada nova cena, ela seguia as instruções que o diretor passara antes e dava pulinhos para se sentir mais livre. Ao mesmo tempo, em sua imaginação, vivia a história que havia criado para os dois personagens à frente.

Dessa forma, tudo saiu melhor do que o esperado e, logo que o comercial foi ao ar e a revista começou a circular nas bancas, Stefany pôde acreditar que era verdade. Eram aqueles os resultados com os quais tanto sonhara.

Ao pegar a revista com as próprias mãos pela primeira vez, abraçou a mãe, gritando de alegria. O sonho estava apenas começando a ganhar forma, e era lindo fazer parte daquela jornada. Stefany não poderia estar mais feliz.

Diante dos resultados de seus primeiros trabalhos, ela deitou-se na cama ao anoitecer, após um dia que pareceu mágico e infinito. Estava exausta. Ainda assim, ficou muito tempo apenas contemplando seu quarto e pensando em tudo o que havia acontecido e que a levara até ali. Lembrou-se dos dias em que sonhava estar na tv.

Quando aprendeu a andar, aprendeu também a dançar. Quando aprendeu a falar, aprendeu também a cantar. Quando aprendeu a escrever, começou a treinar como seriam seus autógrafos.

Antes mesmo de aprender a ler, ela já dizia que queria estar na tv e ser parte de tudo aquilo, daquele mundo que a encantava todos os dias. Queria também encantar as pessoas, levar sonhos, esperança e felicidade a todos.

Agora, sentia que isso estava acontecendo. Seu coração batia forte no peito, feliz e animado. Tudo o que alcançara era maravilhoso e, acima de tudo, era o prenúncio de que coisas maiores e maravilhosas estavam por vir.

Portas se abriam mostrando o caminho do futuro. E, como qualquer futuro, o dela seria muito longo, repleto de curvas e momentos difíceis. Acima de tudo, porém, seu caminho se iluminaria a cada passo com seu brilho de estrela, caminhando com firmeza e esperança na direção dos próprios sonhos.

Depois de pensar no dia em que comprou ferramentas de plástico e tentou quebrar a TV, na longa espera até conseguir seu primeiro trabalho, passando depois aos dias atuais, em que podia se ver nas páginas e nas telas, ela finalmente caiu no sono.

Naquela noite, não sonhou ao dormir, porque estava muito cansada. Afinal de contas, os sonhos davam trabalho. Cada gota de suor era um lembrete do quanto sua determinação não tinha limites! Principalmente naquela noite, ela não sonhou. Seus maiores sonhos já estavam acontecendo enquanto ela estava de olhos bem abertos!

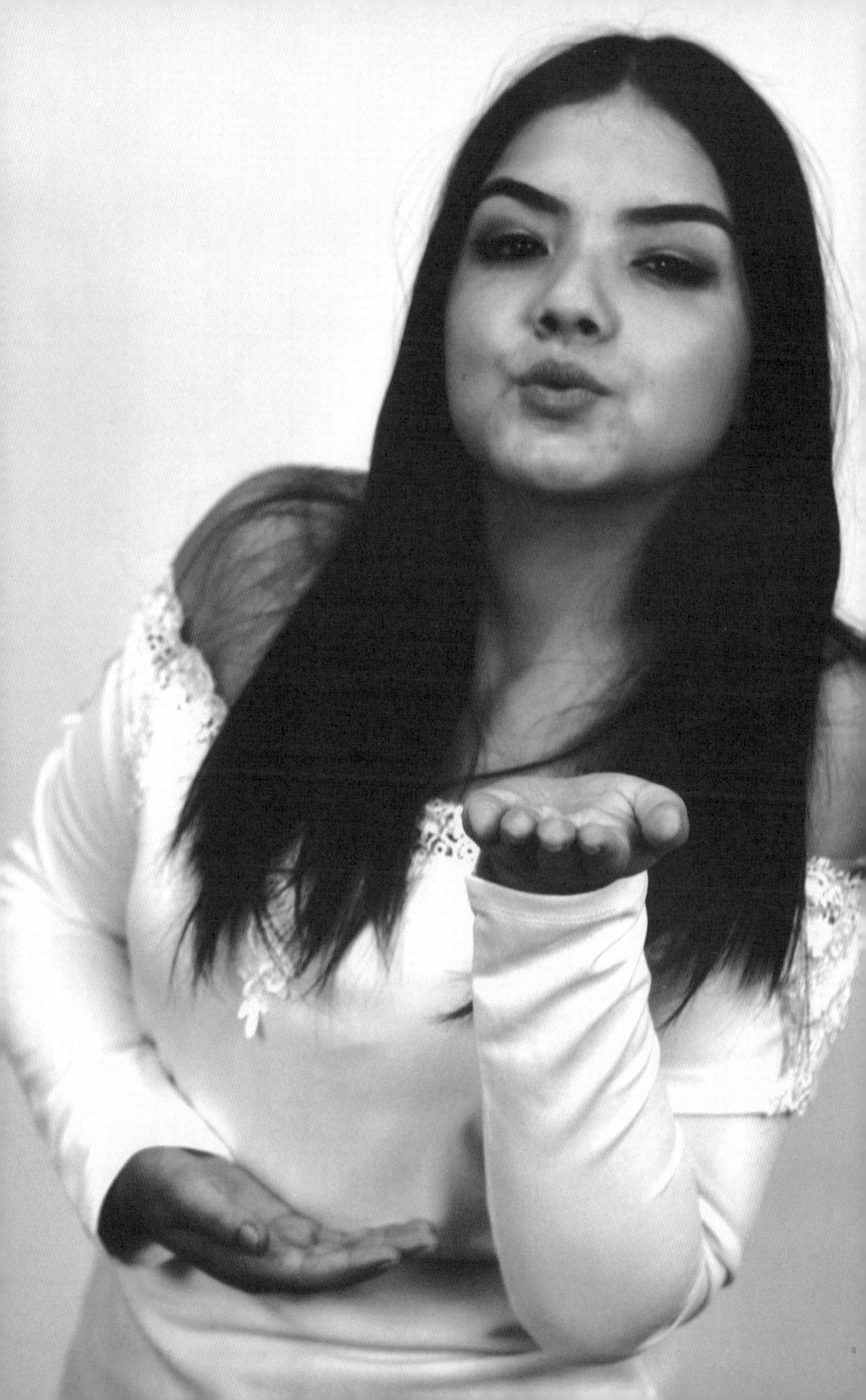

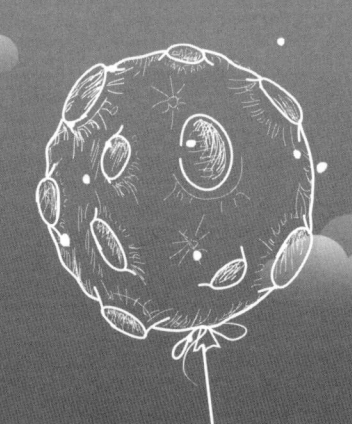

MANUAL DE SONHOS

Como se tornar um sonhador profissional

Por Clary, a menina que vive no espelho

Segundo passo

Buscar ferramentas para concretizar os sonhos (fazer um passo a passo pode ser bastante útil).

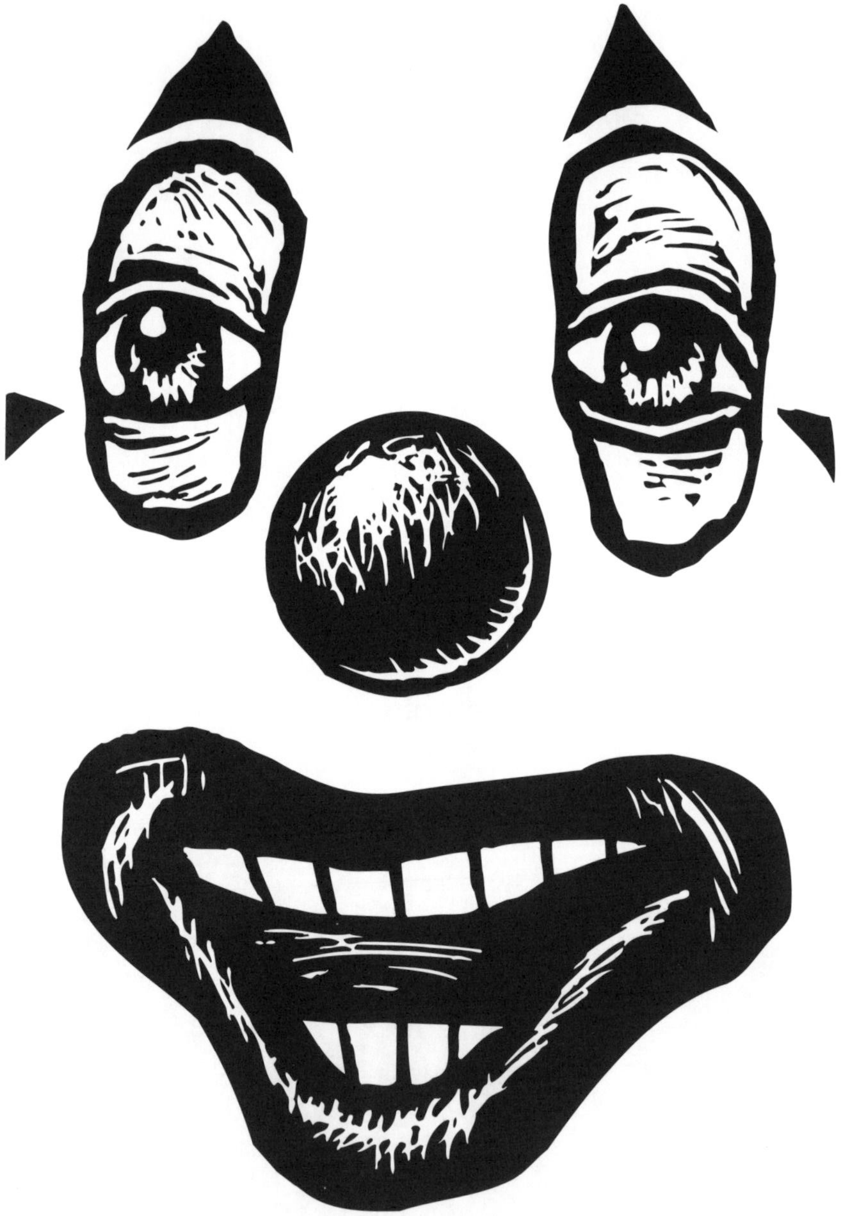

4.
O Monstro de Rio Claro

Mais um ano se passou. Era difícil acreditar que Stefany estava outra vez no aguardo de novos trabalhos. Sua mãe dizia para ela pensar no futuro e não ficar triste, pois aquela era uma jornada difícil, que dependia de diversas coisas, mas ela era uma menina muito intensa, com as emoções à flor da pele.

O pai gostava de passear com ela sempre que podia, para distraí-la daquela espera que parecia infinita. A avó, por sua vez, dava bons conselhos e dizia que seu grande momento iria chegar. Como oportunidades surgiram quando ela menos esperava, outras viriam e trariam fortes alegrias.

Sua mãe continuava acompanhando a filha em audições e testes, o que era sempre um grande desafio. Naquela época, eles tinham um carro um pouco velho e Stefany, às vezes, tinha que ficar várias horas no veículo. Ela passava mal com o calor, e até sofria enjoo, correndo atrás de oportunidades.

Aquilo emocionava Selma, que via tudo de perto e percebia o quanto a filha era guerreira. Nunca reclamava, ia até o fim e jamais dizia que queria desistir ou voltar para casa, para poder brincar e ficar mais confortável. Pelo contrário, elas seguiam de audição em audição.

– Os sonhos são difíceis – Selma dizia. – Tenho muito orgulho de você, filha.

Stefany sorria e dizia que queria continuar em frente. Segundo ela, ainda não tinha quebrado a TV de verdade. Embora tivesse aparecido em um comercial, ela sonhava com voos mais altos.

– Eu vou encontrar as ferramentas certas – falou, no fim de outro dia em vão.

Mas o tempo era implacável. Os dias se somavam e, em certo ponto, começou a passar pela cabeça de Stefany desistir de uma vez. Entretanto, ela não disse essas palavras em voz alta, para não trazer má sorte.

Em qualquer jornada, sempre há horas de tristeza nas quais pensamos que não vamos alcançar os nossos objetivos. Ela passava por isso também, e era aí que tentava ouvir seu coração, que lhe dizia que estava no caminho certo e tinha que ser persistente.

Assim, apesar de muita espera e inúmeras portas fechadas, e de ouvir muitas vezes a palavra *não* (desde cedo ela teve que compreender o peso que uma simples palavra carregava), ela não deixou o pessimismo falar mais alto.

Dia após dia, Stefany lutou para acreditar, até as esperanças parecerem esvair-se. Mas, quando menos esperava, uma porta do seu caminho, antes fechada, abriu-se para ela. E era uma porta que tinha um nome bastante curioso, estranho e até um pouco assustador: *o Monstro de Rio Claro.*

Foi bastante inesperado o momento em que seus pais receberam uma ligação e ficaram sabendo que ela havia sido escolhida para fazer um papel em um documentário. Porém, não era um documentário qualquer. Era baseado no Monstro de Rio Claro, um assassino em série que matava crianças.

A princípio, não souberam muito bem o que pensar. Era um trabalho para a tv, uma oportunidade pela qual haviam lutado e esperado ansiosamente. Por outro lado, o tema era bastante pesado e Stefany ainda uma criança.

Após conversarem entre si e com a produção do filme, chegaram à conclusão de que a filha teria o suporte necessário para realizar o papel. Ela nem saberia ao certo do que se tratava e, na cena em que se tornaria uma das vítimas do assassino, não estaria presente, pois tudo seria feito por uma dublê.

Desse modo, embora apreensivos, eles concordaram e Stefany ganhou o papel de prima da protagonista. Esta, na verdade, era uma garota que havia sobrevivido, diferente da personagem da filha de Selma e Vagner. Ambas gravaram diversas cenas em que vendiam pão pelas ruas, para ajudar a família.

Certo dia, bateram em uma porta bastante velha de uma casa que parecia abandonada. O lugar era amedrontador por si só. Ainda assim, com esperança de vender toda a cesta de pães, insistiram. Foi quando um homem, bastante grande e com uma tatuagem de palhaço em uma das mãos, abriu a porta.

As duas garotas ficaram bastante felizes, pois ele pareceu muito interessado no que estavam vendendo e comprou diversos pães. A partir de então, sempre que saíam para vender pães pela vizinhança, elas batiam à porta do homem com a tatuagem de palhaço.

Tudo era baseado em fatos, mas Stefany não sabia direito o que estava acontecendo. Ela apenas gravava as cenas conforme lhe diziam. Porém, o ambiente e a atmosfera envolvida eram um pouco ameaçadores, e ela notava que algo não estava certo.

Com o tempo, começou a sentir receio de estar na presença daquele homem, embora o ator estivesse apenas fazendo seu trabalho. Chegou o dia em que não podia nem cruzar com ele nos corredores. Em seguida, passou a ter muito medo de palhaços, pois se lembrava da tatuagem assustadora que o homem tinha nas mãos (fobia, por sinal, que ela ainda carrega, de certo modo, pois nunca mais gostou de palhaços).

Conforme combinado, Stefany não gravou a cena em que sua personagem era atacada. Tudo se passava quando, um dia, a personagem de sua prima não podia ir com ela vender pães. Então, Stefany gravou as cenas em que ia sozinha até a casa do homem. Nessa ocasião, era convidada por ele para entrar na casa e ganhar alguns doces. A partir dali, não gravou mais nada, nem soube o que aconteceu. A dublê assumiu essa parte e ela jamais assistiu ao documentário.

O interessante é que, anos depois, ela reencontrou o ator que interpretou o Monstro de Rio Claro, nos bastidores de outra gravação. Com mais experiência e uma visão totalmente diferente do trabalho de atriz, ela passou a achar tudo aquilo engraçado e entender que ele, na verdade, era como ela: um ator. A diferença é que estava interpretando um personagem muito maldoso. Na realidade, o ator era bastante simpático sem a tatuagem de palhaço na mão.

Após interpretar a vítima do monstro, Stefany continuou procurando oportunidades. Ela e sua mãe seguiram com as audições para papéis na televisão e ensaios fotográficos. Conseguiu fazer mais uma revista, na época, o que a deixou novamente muito animada.

Certa vez, em meio à correria de testes e possibilidades, Selma e ela precisariam se deslocar até um trabalho importante, pois Stefany tinha uma sessão de fotos agendada em um lugar que não conheciam. A mãe preparou-se com grandes mapas da cidade, para que não se perdessem, pois um GPS era muito caro para a família.

Partiram animadas para o novo desafio. Stefany estava bastante feliz com a chance de tirar aquelas fotos e fazer outra sessão. Quando perceberam, estavam andando em círculos com o carro, perdidas no meio de uma favela.

Começaram a se desesperar, pois não sabiam nada daquele lugar. Ao pedirem informações para um homem, viram que ele estava armado, o que as deixou mais assustadas. O tempo passou, os minutos desapareceram rapidamente e isso fez com que acabassem chegando muito atrasadas. Stefany acabou perdendo o trabalho.

Era inevitável que se chateasse, porém encarou tudo com senso de humor, pensando ter sido apenas um dia ruim e que melhores estavam por vir, com convites para seleções de sessões de fotos. Sua mãe, no entanto, concentrou-se em comprar um GPS para a próxima ocasião.

Foram exatamente o otimismo e a esperança inabalável de Stefany que fizeram com que conseguisse outra grande chance. Dessa vez, o que surgiu foi um desfile de moda. Seria bastante interessante, pois, como era um evento infantil, desfilaria com uma boneca usando roupas iguais às dela.

Stefany participou dos ensaios com a alegria contagiante que era sua marca registrada. No dia do desfile, ela estava radiante, ciente de que era uma oportunidade única e que tinha muita sorte de ter conseguido. O pai a presenteou com um lindo par de botas que ela queria havia bastante tempo e que tinham até saltos altos, embora fossem para crianças.

Bastante feliz, Stefany saltitava pelo quintal, esperando a hora de ir para o desfile. Acabou nem percebendo que o quintal estava um pouco molhado. Quando a mãe a chamou, foi correndo para dentro de casa, tropeçou na escada e bateu com o rosto no sofá.

A princípio, foi muito estranho. Ela sentiu certa dor e um pouco de vontade de chorar. Ao mesmo tempo, sabia que aquele era um grande dia e que nada podia dar errado. Ao olhar para baixo, porém, ela reparou no tapete da sala.

Tratava-se de um carpete branco, muito bonito, do qual Selma particularmente gostava bastante. Por ser claro, Stefany assustou-se ao ver que ele estava todo manchado, recoberto por gotas escuras. Era sangue, e vinha da sua boca.

– Mãe!!! – ela gritou.

Selma veio correndo. Seu coração parou por um instante ao encontrar a filha no chão, coberta por sangue, em destaque sobre o branco do tecido.

– Ah, meu Deus! O que aconteceu, Stefany?

A menina chorava, sem conseguir responder. Selma, com cuidado, abriu sua boca para ver a origem do sangue. Ela havia quebrado os dois dentes da frente poucas horas antes do importante desfile.

– Entendi – Selma dizia, ao telefone. – Gelo e analgésicos. Anotei tudo aqui, doutora. Muito obrigada.

Após desligar, virou-se para Stefany, que a olhava apreensiva do sofá, e disse:

– Filha, a dentista pediu que eu seguisse esses passos, para melhorar a aparência e a dor. Está chovendo muito, o consultório dela já está fechado e fica longe. Com esse trânsito, nunca vamos chegar a tempo.

– Eu posso ir ao desfile?

– Pode, desde que não esteja com muita dor.

– Eu estou bem. Apenas me assustei com o sangue.

– Tem certeza, filha? Como você sabe, oportunidades vêm e vão. Se você não puder ir, não tem problema, eu ligo avisando e...

– Não, mãe, por favor. Estou bem, juro. Não quero perder o desfile por nada!

Um pouco contrariada, Selma entendeu a paixão de Stefany pelo desfile e o quanto ela havia ansiado por aquele dia. Ela realmente não estava com muita dor e as dicas da profissional ajudariam. Resolveu que deixaria a filha desfilar e que, no dia seguinte, iriam até a dentista.

Tudo acabou dando certo, apesar de toda a correria e o nervosismo que a queda havia causado. Por sorte, os dentes quebrados eram de leite. E Stefany havia construído mais uma lembrança para sua coleção de momentos especiais em uma carreira tão curta, e já tão intensa. Desfilara banguela e com a boca inchada, após limpar o sangue que havia recoberto quase todo o seu rosto.

Ainda assim, com dois dentes da frente ausentes, ela deu um jeito de sorrir na passarela, aproveitando cada segundo daquele instante mágico, em que realizava mais uma etapa importante do seu sonho.

MANUAL DE SONHOS

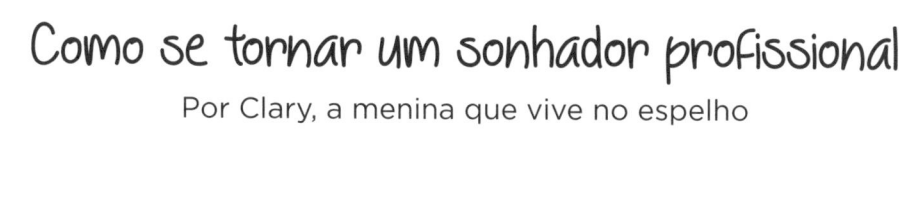

Como se tornar um sonhador profissional
Por Clary, a menina que vive no espelho

Terceiro passo
Espantar o medo (momentos difíceis e de dúvidas surgirão, mas é importante seguir em frente).

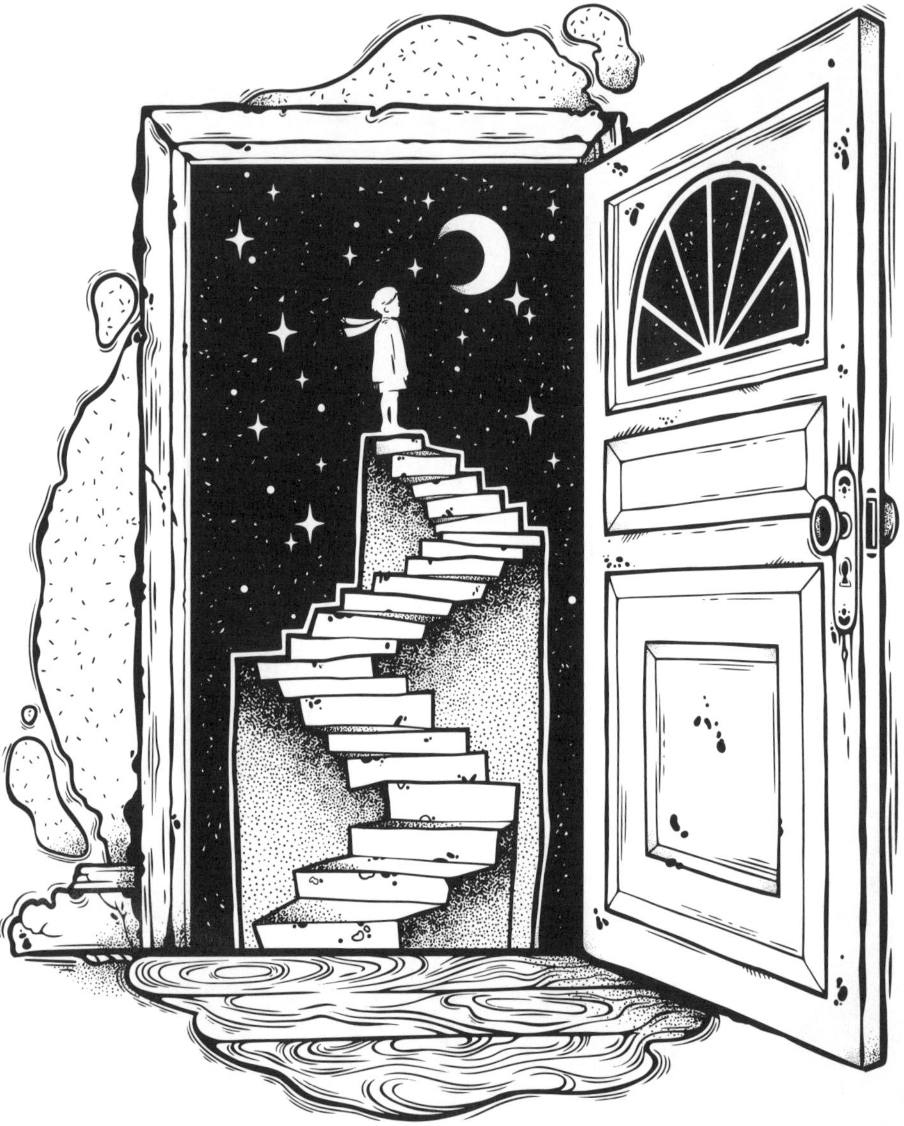

5.
Sonhos refletidos

Clary assistia a tudo como se estivesse em um camarote, presenciando um grande espetáculo. Ela via a vida de Stefany passar, dia após dia, ano após ano, torcendo, sorrindo, chorando e se emocionando com ela.

Stefany ainda era uma garotinha, embora estivesse mais crescida do que quando Clary chegou ao espelho, alguns anos antes.

Embora a menina não mais tivesse ouvido as batidas à porta e jamais enxergasse Clary ao se olhar no espelho, para esta, aquela era sua melhor amiga.

De dentro do espelho, Clary a viu se emocionar ao conseguir os primeiros trabalhos e ficar triste quando as coisas não davam certo, parecendo que nunca conseguiria entrar na TV. Ela acompanhou a amiga crescer, amadurecer e nem por um dia deixar de sonhar. Pelo contrário, os sonhos de Stefany continuavam sendo sua paixão, seu caminho, a luz que a guiava pela vida.

A própria Clary, porém, não havia crescido. Ela não compreendia, mas estava presa naquele espelho com relação ao tempo e ao espaço. Dessa forma, era ainda uma adolescente, e as duas estavam cada vez mais próximas na idade.

Ela continuava a tentar entender o que estava acontecendo na sua vida. Queria saber quem era e para onde estava indo, pois o espelho era uma casa transitória. Como bastante tempo havia se passado e ela não encontrara resposta alguma, quase desistira de tentar entender um pouco mais sobre si. O que a motivou a continuar foi acompanhar toda a jornada de Stefany.

As fotos no mural já não eram as mesmas. Os motivos para sorrir e as conquistas a comemorar aumentavam a cada ano. Tudo estava mudando.

Foi assim, vendo tudo de perto, que Clary entendeu que, para conhecer seu interior e entender quem era e qual direção deveria seguir – ou, em outras palavras, como poderia se libertar daquela "prisão" com milhares de reflexos –, tinha que seguir os próprios sonhos. Como Stefany fazia. O grande problema era que ela desconhecia esses sonhos. E tudo se complicava a cada instante.

Era isso, ela decidiu que faria um manual dos sonhos! E por onde começar? Observando a vida de

Stefany, Clary havia aprendido muito sobre sonhos e todas as suas etapas. Sobretudo, aprendera que os sonhos, quando verdadeiros e do coração, definem os rumos de nossas vidas e até grande parte de quem somos e de como agimos.

Stefany, como grande sonhadora, passava os dias buscando formas de alcançar seus objetivos. Ela era uma menina alegre e esperta, cheia de amigos e rodeada por familiares que a apoiavam em todas as suas escolhas. Apesar de ser pequena, tinha uma personalidade forte, pois sabia muito bem o que queria, o que era admirável. Muitos adultos não sabem quais são seus sonhos. Sendo assim, como podem segui-los? Stefany sempre soube, nunca teve dúvidas, buscando o tempo todo encontrar formas de realizá-los.

– Ela é o que eu chamaria de "sonhadora profissional" – disse Clary, tendo uma ideia. – É o que faz com que sua vida tenha tanto sentido e brilho. E é exatamente disso que estou precisando!

Colocou uma música alta e começou a dançar pelo quarto dentro do espelho, pensando, cada vez mais profundamente, no que significava estar ali, presa por entre reflexos de si, sem saber o trajeto a tomar.

Rodopiando pelo chão, viu-se refletida nos fragmentos ao redor. Era uma jovem bonita, cheia de vida e alegria. Tinha que encontrar um caminho, uma trilha para seu futuro, que, certamente, seria brilhante! Enquanto se observava, chegou a uma conclusão que mudaria tudo:

— Se estou presa entre meus reflexos em um espelho, só pode significar uma coisa. Que o caminho não está lá fora, em algum lugar. Está aqui! Está dentro de mim!

Clary compreendeu algo muito importante. Para seguir em frente e encontrar seu rumo, ela precisava, antes, descobrir quem era. A verdadeira jornada é sempre para dentro de nós, para depois partirmos e ganharmos o mundo.

Por isso ela estava ali, presa naquele espelho, assistindo à vida de alguém que, desde pequena, foi um grande exemplo de como sonhar e lutar pelos seus sonhos. Afinal, só sonha quem conhece a si mesmo, quem sabe bem o que ama e o que deseja para o futuro.

Compreender e aceitar essa ideia fez com que Clary tivesse uma nova perspectiva do que estava acontecendo em sua vida. Dançando, agitando os cabelos, movimentando os braços no ar e cantando no ritmo da música, ela revirou o quarto até encontrar papel e caneta.

Era hora de começar a jornada que a levaria para dentro de si, para encontrar o caminho para seus maiores sonhos!

— Papel e caneta. É só do que eu preciso, aparentemente, para completar a missão mais importante da minha vida até aqui: fazer um manual dos sonhos. Mas não deve ser tão simples. Tenho muito trabalho a fazer. Faz tempo que não conversamos, não é? Você tem acompanhado a vida da Stefany, como eu, não é? A diferença é que você está acompanhando os acontecimentos pelas páginas, e eu, assistindo a tudo através do espelho. Isso é tão emocionante! Ela cresceu e amadureceu muito em tão pouco tempo... O que você achou do dia em que ela fez a primeira sessão para a revista? E do comercial? E do documentário sobre o Monstro de Rio Claro? Confesso que fiquei apavorada com esse último. Ela foi muito corajosa! Por outro lado, eu vibrei quando ela deu a volta por cima, no dia do desfile, e arrasou na passarela, mesmo com os dentes quebrados. Ei, isso me dá algumas ideias!

Anotando e refletindo, Clary continuou:

– Sabemos claramente o que faz toda a diferença na vida da Stefany: ela é decidida e determinada. Ou seja, já tenho o primeiro passo para a realização de um sonho e vou colocá-lo no manual. É ótimo conversar com você sobre sonhos. Você sabe quais são os seus? Se souber, conte-me. Se não souber, vamos descobrir juntos. E, caso você mude de ideia ao longo do caminho, também será legal. Vamos começar? Obrigada pela ajuda até aqui!

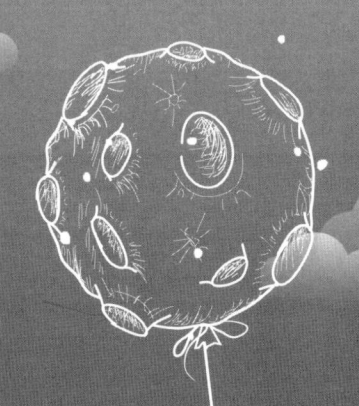

MANUAL DE SONHOS

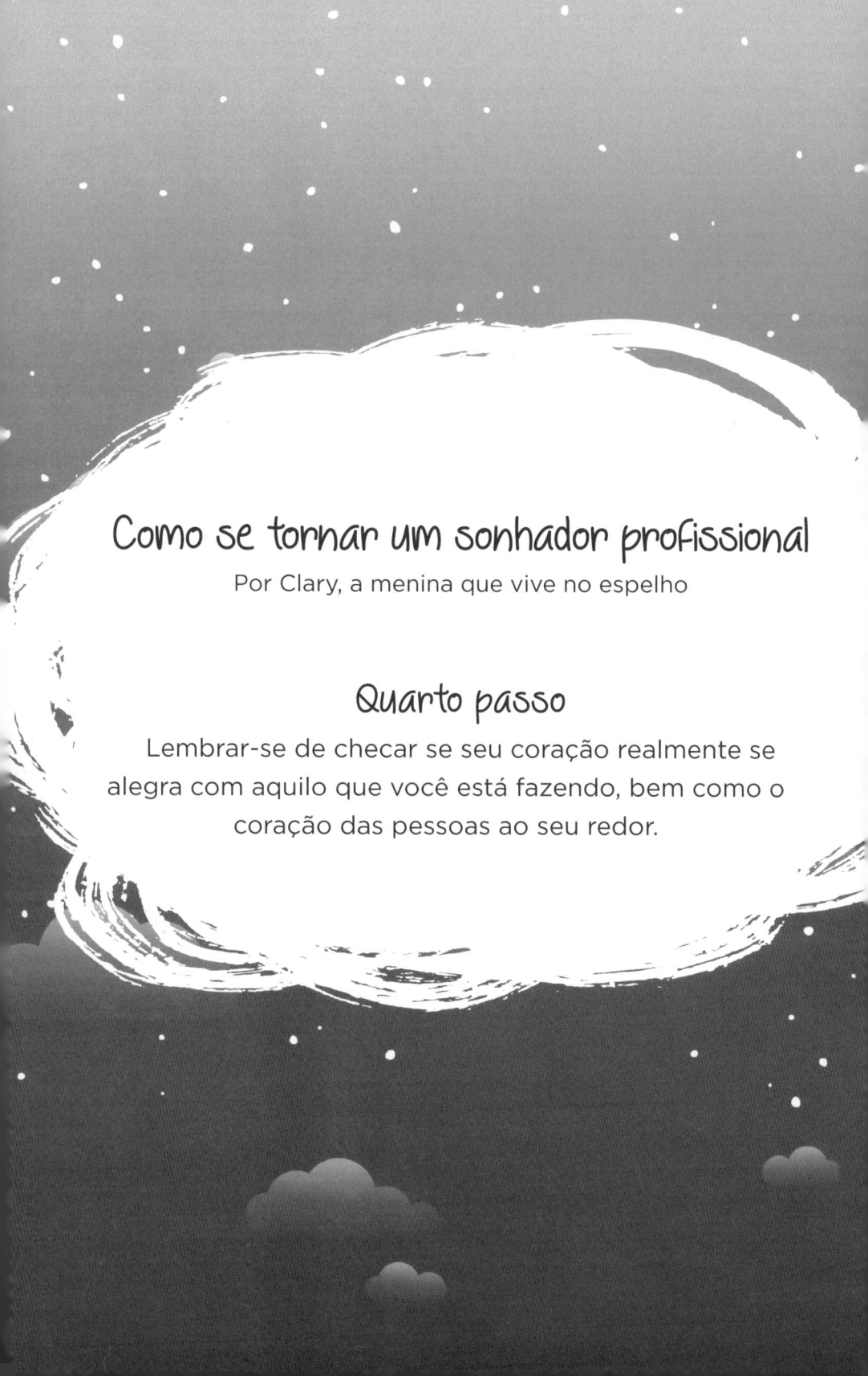

Como se tornar um sonhador profissional
Por Clary, a menina que vive no espelho

Quarto passo
Lembrar-se de checar se seu coração realmente se alegra com aquilo que você está fazendo, bem como o coração das pessoas ao seu redor.

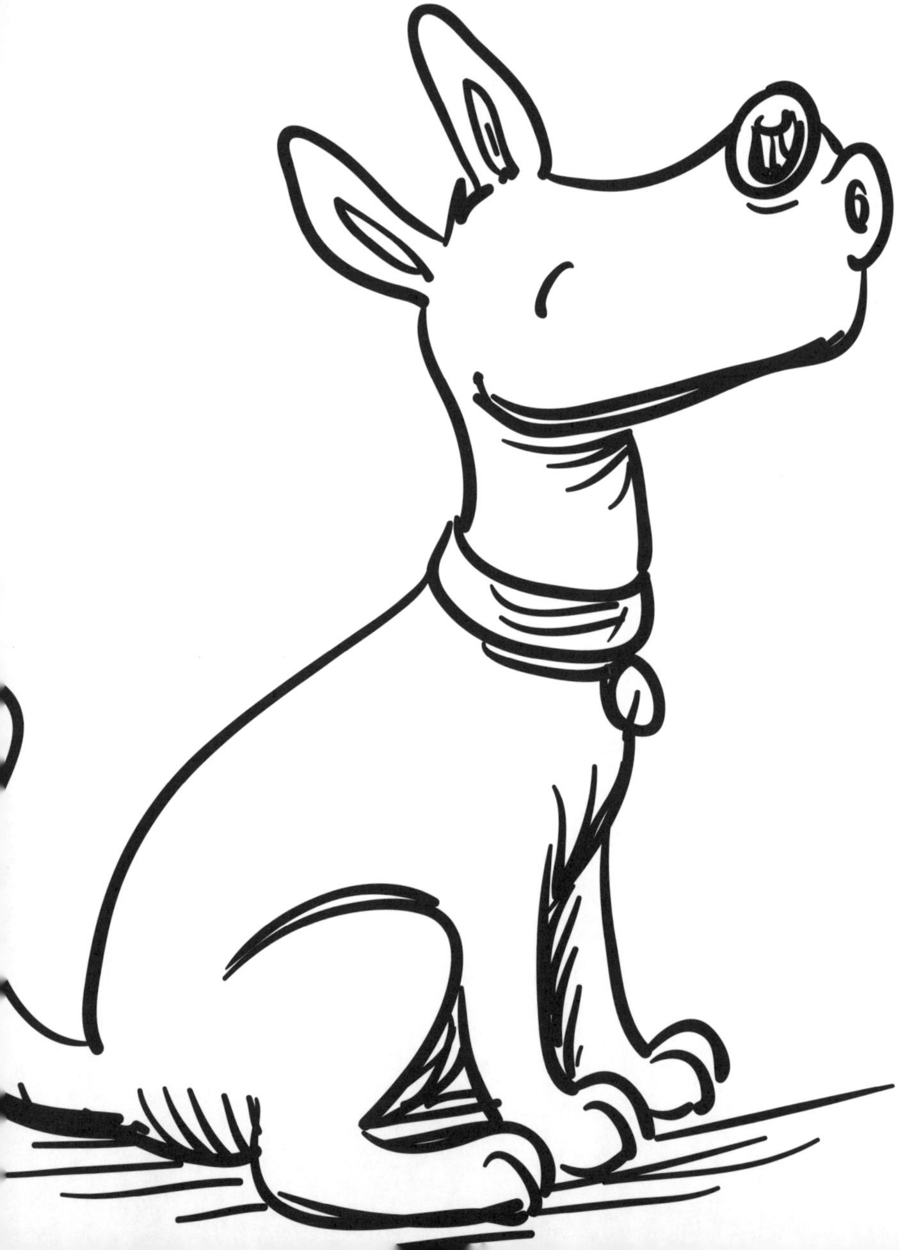

6.
O cãozinho que salvou o dia

Um novo dia e um novo trabalho. Stefany encontrava-se sentada em uma sala, nos bastidores da gravação de um comercial. Estava ali havia um bom tempo. Os minutos pareciam não passar. Na verdade, ela serviria apenas de substituta e não iria atuar naquela filmagem. Pelo menos, era o que pensava.

Enquanto estava entretida com seus pensamentos, assustou-se quando alguém abriu bruscamente a porta da sala.

– Você quase me matou de susto!

– Desculpe, Stefany, não foi minha intenção. O diretor está chamando você.

– Ele está *me* chamando? Mas eu sou a atriz substituta, pensei que estivessem gravando com a outra atriz.

– Nós estávamos, mas...

– Mas?

– Aconteceu um probleminha. Por favor, venha comigo.

Stefany achou aquilo curioso. Haviam dito que ela ficaria nos bastidores, aguardando, e só seria chamada caso algo desse errado com a atriz titular. Selma, que a acompanhava, deixou de lado a revista que lia na sala de espera e foi, intrigada, descobrir o que estava acontecendo.

Chegando à sala de gravação, os olhinhos de Stefany brilharam ao ver aquele mundo mágico, o cenário todo montado, as câmeras ligadas, as luzes apontadas para os atores. Aquilo era tudo que ela mais amava!

– O que aconteceu? – ela perguntou para o diretor, que parecia aguardá-la.

– Stefany, querida, nós vamos precisar de você.

– Algo deu errado com a outra atriz? – questionou Selma.

– Receio que sim. Ela teve um probleminha.

– Qual probleminha?

O diretor desviou o olhar para algo que estava no canto do cenário. Foi aí que Stefany viu do que se tratava. Um cãozinho!

– Que graça! – ela disse.

O diretor respirou aliviado.

– Esse cãozinho foi o problema. A outra atriz... Bem, ela tem medo de cachorros. Ao trazermos o cão para gravar as cenas, ela se assustou bastante e teve que ser retirada. Você realmente gosta de cachorros?

– Está brincando? – perguntou Stefany – Eu *amo* cachorros! Não tenho problema nenhum em gravar com eles.

– Muito bem, vamos ao trabalho, então!

Em seguida, o diretor a apresentou ao garotinho que faria papel de seu irmão. Eles se deram superbem logo no início.

Daquela forma, em meio a tanta gente alegre, um lindo cãozinho e um diretor que ajudou Stefany a se sentir em casa, as gravações foram extremamente agradáveis. Tudo transcorreu com naturalidade e ela adorou brincar de faz de conta com aqueles atores que acabara de conhecer, fingindo ser a sua família.

No fim do dia, estava exausta. Queria ir pra casa, comer uma comida quentinha, tomar um belo banho e cair na cama. Quando ia saindo do estúdio, junto da mãe, já se dirigindo para o estacionamento, o diretor correu até elas.

Ele segurava uma flor nas mãos:

– É para você – disse, entregando-a para Stefany.

– Para mim?

– Sim, você foi muito generosa em nos ajudar de última hora, sem nenhum ensaio, e agiu com naturalidade e profissionalismo o tempo todo. Devo dizer, o comercial vai ficar maravilhoso quando for ao ar! Estou muito feliz por você ter ficado com o papel.

Sentindo-se radiante, ela pegou a flor e agradeceu ao novo amigo.

– Também estou muito feliz! – disse, com um enorme sorriso.

O filme estreou pouco tempo depois. Foi exibido várias vezes ao dia durante a programação, com intervalos espaçados. Por ser de um grande anunciante, de uma marca famosa, o comercial acabou alavancando a carreira de Stefany. Seu rosto ficou conhecido e muitas pessoas começaram a reconhecê-la.

– E tudo isso por que minha colega não gostava de cachorros! – ela disse, um dia, feliz com o sucesso.

Contudo, sempre há dois lados em todas as histórias, e o início do sucesso, apesar de ser algo pelo que ela e sua família lutavam havia anos, não foi apenas marcado por alegria. Seus coleguinhas de turma começaram a reconhecê-la também, e nem todos reagiram bem.

O ano era 2010, Stefany tinha agora 7 anos. Batalhava por momentos como aquele já havia três, quase metade de sua vida. Seu sonho era o que a impulsionava, fazia seu coração bater forte e a levava a sorrir sempre que levantava da cama pela manhã, destinada a mais um dia de luta e conquistas.

Contudo, dias difíceis também a atingiam. Algumas crianças em sua escola começaram a lhe dar apelidos, ironizando sua carreira e seu reconhecimento. Alguns desses apelidos se espalharam pelo colégio, como "estrelinha" ou "dentinho", ou nomes relacionados com as marcas para as quais ela trabalhava.

As crianças, em certos momentos da infância, podem ser realmente cruéis. Algumas corriam até ela e a chamavam pelos apelidos, debochando e rindo. Ou aguardavam atrás das portas, gritando e a assustando em sua passagem. Queriam ofender e provocar, sem entender o quanto tudo significava para ela.

Havia dias em que ela ficava muito, muito triste. Por um tempo, tentou esconder dos pais o que estava acontecendo, pois tinha vergonha. Porém, eles logo descobriram e fizeram tudo o que puderam para ajudá-la. Ainda assim, os olhares e cochichos pelos corredores da escola, conforme passava, continuavam, com crianças apontando para ela.

Houve até uma ocasião em que um coleguinha descobriu onde ela morava, foi até lá e ficou gritando os apelidos na porta, para depois sair correndo.

– Não é fácil, minha querida – disse a avó Miriam, que observava o quanto tudo aquilo afetava a neta.

– Por que eles fazem isso, vovó?

– É simples. Eles fazem isso por se sentirem intimidados.

– Intimidados?

– Sim, nós tememos tudo aquilo que nos é desconhecido. O sucesso, para eles, é uma vaga ideia, algo com o que não estão acostumados.

– Não estou entendendo.

– Eles se sentem intimidados pelo seu brilho de estrela. É um brilho que parece distante da realidade em que vivem, mas é capaz de ofuscar tudo ao redor. E, justamente por isso, eles tentam intimidar você em troca, fazendo com que se sinta mal.

– Eles têm conseguido. Eu me sinto mal. Eu me sinto diferente.

– Você é diferente, minha querida. E isso é a coisa mais maravilhosa do mundo, porque não faz de você anormal, mas sim especial. Brilhe cada vez mais, mas não se deixe intimidar por aqueles que não entendem o verdadeiro significado do seu brilho.

Enxugando as lágrimas, Stefany abriu um discreto sorriso. Dentro dela, havia uma força enorme. Ela estava decidida a enfrentar todos os desafios que fossem necessários para continuar a construir seus sonhos. Jamais voltaria a se abalar com aqueles que não compreendessem sua jornada.

Não seria fácil e, às vezes, talvez ela se sentiria mal, mas seguiria em frente de cabeça erguida, porque é isso que uma verdadeira estrela faz, brilhando e iluminando em qualquer escuridão.

Naquela noite, ela foi dormir pensando naqueles fatos: nas ofensas, na conversa com a avó, no que tudo aquilo representava. Era muito para ela pensar, mas logo caiu no sono, exausta. Seu coração estava leve. Afinal de contas, com tantos desafios, Stefany trilhava o caminho que amava e era isso o que importava de verdade.

O que não sabia, porém, era que havia uma garota que vivia no espelho, presa entre reflexos de um sonho que não conseguia decifrar, e que contava com ela para ajudá-la. Muitos, como aquela menina, admiravam o trabalho e a determinação de Stefany. E outros iriam admirar cada vez mais, refletindo-se em seu brilho para buscar o próprio caminho e ser felizes.

Não era uma tarefa fácil começar a se tornar um espelho, um sonho refletido para alguém, mas ela estava pronta para o desafio.

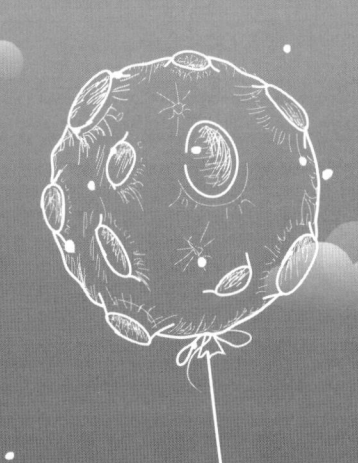

MANUAL DE SONHOS

Como se tornar um sonhador profissional
Por Clary, a menina que vive no espelho

Quinto passo

Acreditar que a vida abrirá as portas que você nem espera no momento certo. Saber reconhecê-las e atravessá-las pode ser difícil, mas é uma etapa fundamental que todo "sonhador profissional" deve conhecer.

Das estrelas ao infinito

Quando se sonha sozinho é apenas um sonho. Quando se sonha junto é o começo da realidade.

— Miguel de Cervantes

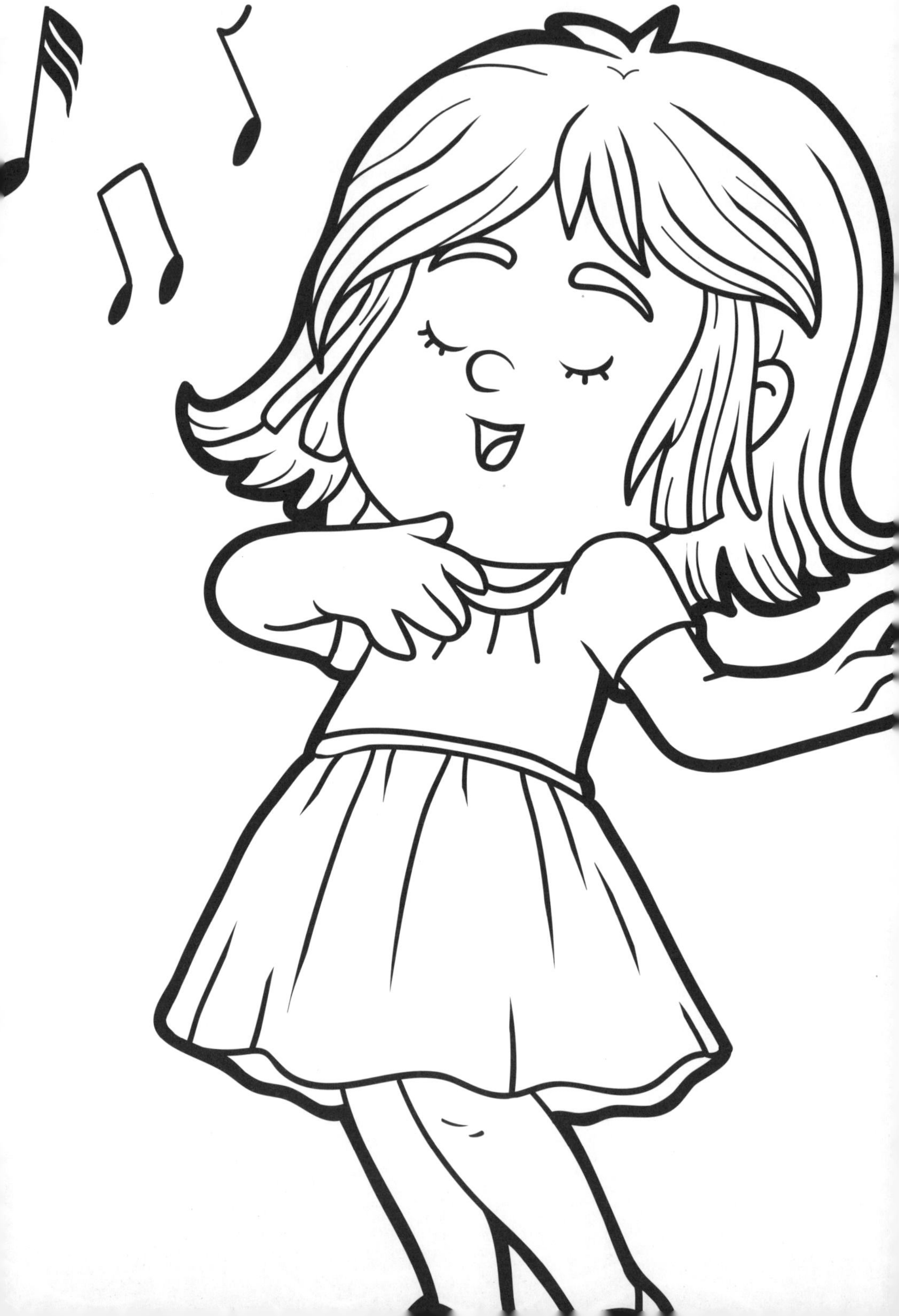

7. A piada do piolho e o desafio em inglês

Os pais de Stefany ficaram sabendo de um lugar muito interessante, chamado Canto das Artes, no qual a filha poderia aperfeiçoar seu talento e até descobrir novos meios para brilhar. Pensaram que seria uma maneira estimulante para ela ter mais contato com o que amava e conhecer-se melhor (algo muito importante quando se é uma pequena grande sonhadora).

Dessa forma, ela começou a frequentar o local. Realmente, foi uma etapa muito valiosa em sua vida. Entre aulas de dança, teatro e música, Stefany passou a entender por que gostava tanto de atuar, aprendeu novas técnicas e outras formas de expressão para seu talento, como a canção.

Uma nova paixão começou a nascer em seu peito, a paixão por cantar. Ela ainda não sabia que tinha uma boa voz e poderia fazer isso profissionalmente. Era mais uma maneira de brilhar, inspirar e encantar as pessoas: tudo o que ela sempre quis. Trabalhar com emoções e sentimentos era sua verdadeira vocação, e a música era mais um instrumento para fazer isso.

Ao longo do curso ela foi deixando a vergonha de lado, relaxando, aprendendo a se controlar emocionalmente, a soltar a voz, a trabalhar com a linguagem corporal e a se conectar com o público.

Tinha aulas muito curiosas, como dinâmicas de improvisação para mexer com suas emoções reais. Por exemplo, um dia, a professora disse para ela agir como se a sala estivesse pegando fogo. Embora tudo estivesse normal no ambiente, Stefany via chamas em sua imaginação, sentia o calor e o medo que o fogo trazia. Sentia-se presa, ameaçada. Assim ela trabalhava sua mente, sua criatividade, dando vida a personagens que nasciam em seu interior e soltavam-se para o mundo, desprendendo-se e ganhando asas.

Suas professoras, Priscila e Paty, foram como dois anjos durante o tempo em que frequentou a escola. Ambas acreditaram muito no talento de Stefany e costumavam dizer:

– Esta menina vai brilhar!

Elas não podiam estar mais certas.

Com o incentivo e a ajuda das duas, e após desenvolver ainda mais seu lado artístico, Stefany foi levada ao *Programa Raul Gil* pela primeira vez.

Ela estava de fato nervosa, no dia. Seria um desafio imenso encarar a plateia e as câmeras e, sobretudo, o próprio apresentador, que ela costumava assistir desde muito pequena.

Não era por ser um sonho que seria fácil, pelo contrário. Stefany sentia mil borboletas no estômago e achava que não seria capaz de subir ao palco.

Porém, o momento chegou. Era agora! Ela tinha que ir! E ela foi, de costas...

É verdade, Stefany tentou subir no palco de costas. Não querendo olhar para frente, imaginou que seria mais fácil assim. É claro que não permitiram e ela precisou se virar e entrar normalmente. Realmente, não era fácil.

– Como os sonhos dão trabalho! – ela disse para si própria.

Antes de entrar, haviam dito que ela cantaria com um menino. Quando Stefany o viu, entretanto, caiu na gargalhada, pois ele tinha alisado o cabelo. Pode parecer algo bobo, mas foi hilário para ela. Com isso, acabaram decidindo que faria uma dublagem sozinha.

Agora no palco, após a frustrada tentativa anterior, ela encarava a plateia. Naqueles milésimos de segundo, em que todos os olhares se viraram para ela, antes de a música começar a tocar, ela sentiu como se seu coração parasse e todo o ar fosse sugado do mundo.

Foi um instante muito, muito rápido, mas que pareceu longo o suficiente para que um filme inteiro passasse em sua mente. Toda sua trajetória até ali. O apoio da família. Os incontáveis dias em que circulou de carro com a mãe, tentando encontrar as audições. As primeiras conquistas. As portas fechadas. As ligações nunca retornadas após os testes. A primeira sessão de fotos. A primeira revista. O primeiro comercial. O desfile banguela. O documentário sobre o Monstro de Rio Claro. As esperas sem fim por uma nova oportunidade. A busca por uma chance, por alguém que acreditasse nela.

Tudo o que lhe ocorreu nos últimos anos, partindo do dia em que foi até a loja de ferramentas com o pai e tentou quebrar a tv para entrar nela. Muito havia acontecido desde então. O caminho para o sucesso era árduo, mas cada conquista fazia com que valesse a pena.

Ali, naquele palco, em seu programa favorito, tendo a atenção das câmeras e de uma plateia inteirinha, ela viu o resultado de todo o seu esforço. As ocasiões em que foi ofendida por acreditar em seus sonhos, por ser "diferente", por ter brilho próprio.

Nada mais importava para Stefany: ela estava onde tinha que estar.

Em um segundo, pôde ver cada lembrança passar girando por sua mente. Como num passe de mágica, a música que havia ensaiado começou a tocar. Seu coração reconheceu a melodia. Ela lembrou-se de tudo o que havia praticado nas aulas de dança e canto e deixou-se voar.

A apresentação de Stefany foi um sucesso. Encerrado o número musical, Raul Gil veio se juntar à menina. Ela estava muito feliz por estar ao lado dele e o nervosismo já havia diminuído bastante. Por estar fazendo aquilo que sabia bem e por ter tido tanto apoio da plateia, ela acabou se soltando de vez.

Assim, o apresentador lhe fez algumas perguntas, e ela respondeu com toda a graciosidade que tanto encantava os que a conheciam. A plateia a admirou ainda mais. Todos sorriram, contagiados por sua postura tão natural e intensa.

Raul Gil foi dando cada vez mais espaço para Stefany, que teve tempo até de fazer um truque de mágica que havia aprendido e de contar a "piada do piolho", suficiente para que ele a convidasse para voltar ao programa.

Quando ela contou a piada, não houve uma pessoa na plateia que não desse risada. Seu jeito meigo conquistou definitivamente a todos. O vídeo da piada circulou pela internet e o público queria vê-la novamente. Dessa forma, Stefany voltou várias vezes ao seu programa favorito.

Com a ajuda da família e das professoras queridas, ela passou a ensaiar diferentes apresentações. Fez dublagem de cantoras famosas em músicas de sucesso, juntou-se a grupos de dança e contou mais piadas.

Era sempre um dia muito feliz o de participar do *Programa Raul Gil*. Stefany mal podia acreditar cada vez que estava lá, embora já não se sentisse nervosa. Para falar a verdade, nem se lembrava de que um dia tentara subir de costas.

Tudo o que ela queria era olhar para a frente. A vida e o futuro sorriam para ela, abrindo as portas para um futuro incrível.

As aulas de canto continuaram. Ela começou a treinar apresentações em que iria de fato cantar, não apenas dublar. Seria um grande desafio se a canção fosse em inglês. Mas, como todos sabem, Stefany topava qualquer desafio!

Mesmo sem entender o significado das palavras, ela decorava a canção inteira. Por exemplo, se a letra dissesse *this is me*, sem problemas, ela lembraria como se fosse *dis is mi...* Assim, tudo saía perfeito para quem ouvia, ainda que não tivesse ideia do que estava dizendo. As palavras não faziam muito sentido para ela, mas o público pareceu gostar e Stefany continuou a cantar em inglês.

Após ganhar do pai um livro de piadas, ela passou a ter um repertório completo para entreter a plateia. Dessa forma, cada vez que ia ao programa, Stefany se divertia e se emocionava de verdade.

Era incrível o contato com o público e a possibilidade de apresentar-se para ele, cantando, dançando, dublando e entretendo. Dia após dia, ela se sentia confiante e cheia de vontade de ir em frente, de seguir naquela jornada maluca e maravilhosa do estrelato. A plateia sempre delirava com seu brilho, aplaudindo, incentivando e pedindo que ela voltasse.

A época em que frequentou a escola Canto das Artes e o *Programa Raul Gil* foi realmente maravilhosa e ajudou Stefany a se reconhecer como artista, entender-se melhor, descobrir o que amava nas artes e aperfeiçoar sua performance em público.

Inúmeras pessoas a viam e se apaixonavam pelo seu talento, o que significava que seu sonho agora se refletia, atingindo os sonhos de outras pessoas e inspirando-as a também brilhar.

Pois cada um brilha de uma maneira e encontra seu caminho em uma estrada. E Stefany entendera: todos brilhamos e iluminamos os passos uns dos outros.

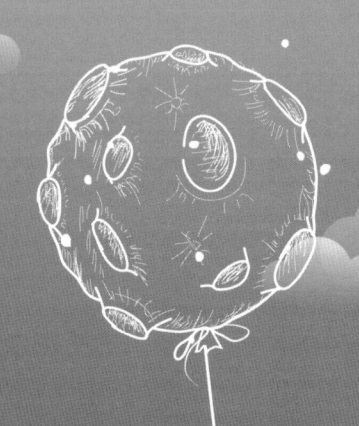

MANUAL DE SONHOS

Como se tornar um sonhador profissional

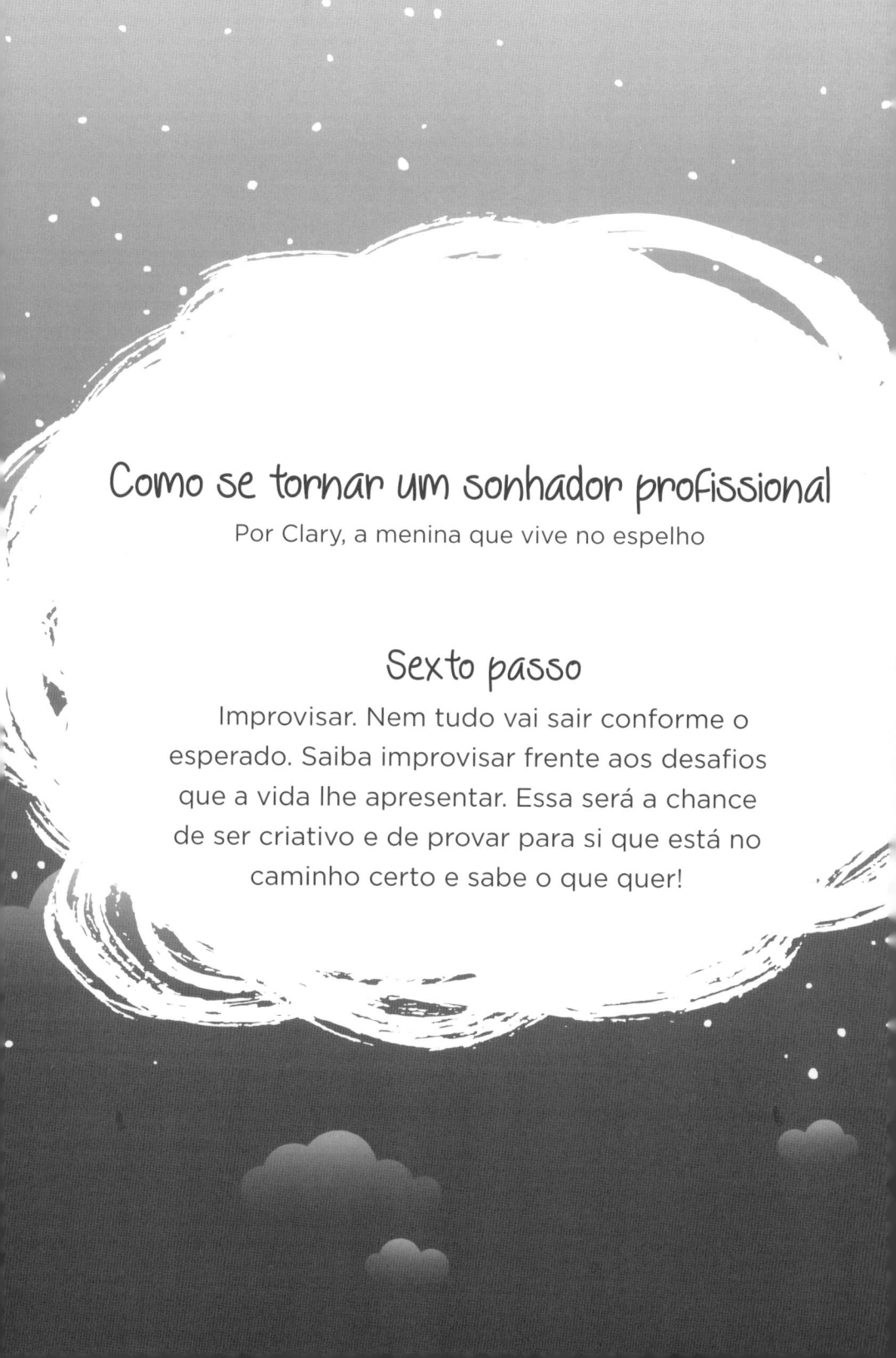

Por Clary, a menina que vive no espelho

Sexto passo

Improvisar. Nem tudo vai sair conforme o esperado. Saiba improvisar frente aos desafios que a vida lhe apresentar. Essa será a chance de ser criativo e de provar para si que está no caminho certo e sabe o que quer!

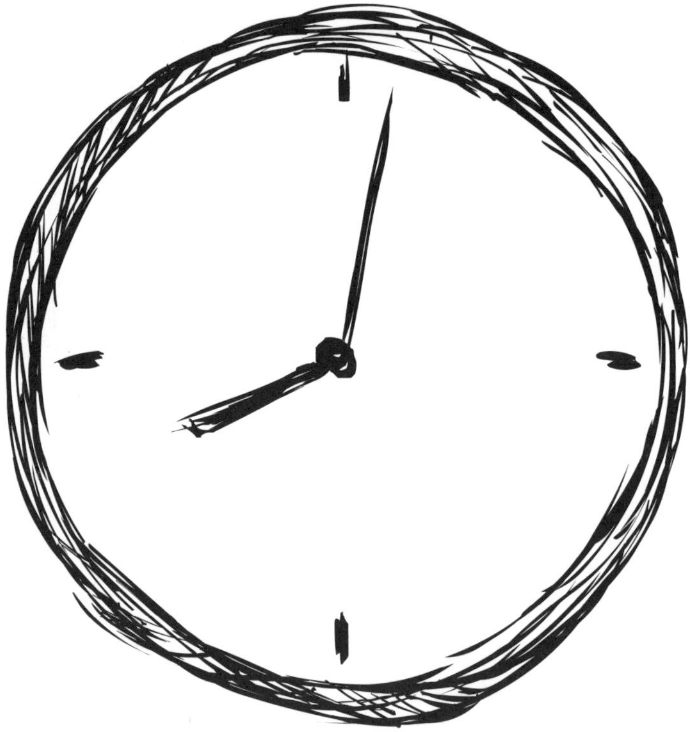

8.
Ferramentas da vida

Em meados de 2010 e 2011, apesar de tudo estar indo muito bem na carreira de Stefany, aconteceram dois episódios um pouco decepcionantes. Ela conseguiu a oportunidade de gravar o DVD da dupla Patati Patatá. Seria uma "volta ao mundo" e ela faria a parte relativa ao Brasil.

Até aí, tudo bem. Porém, Stefany precisou encarar o metrô para ir às gravações e, como era muito pequena, sentiu-se presa e claustrofóbica naquele mar de gente, não conseguindo respirar direito.

Não deu muito certo.

Também não ajudou o fato de, desde que gravou *O Monstro de Rio Claro*, Stefany não gostar muito de palhaços.

Fora isso, a atriz que faria as cenas que representariam China e Japão acabou ficando doente. Por ter traços orientais, Stefany foi chamada para substituí-la. Mas o figurino fora feito de acordo com a outra garota e, quando Stefany foi colocar a roupa, a gola alta era bastante apertada e não passou na sua cabeça.

Também não deu muito certo.

Infelizmente, nem tudo dá certo quando se está batalhando pelos sonhos. Há ocasiões em que simplesmente tudo parece dar errado.

Ela respirou fundo e partiu para a próxima oportunidade.

Outro acontecimento que marcou essa fase da vida de Stafany – etapa transitória, de encontros e reencontros consigo mesma, enquanto se conhecia como artista – foi o dia em que foi chamada às pressas para uma audição.

A família estava reunida em casa, seu tio fazia uma visita. Era domingo à noite, e o telefone tocou. Seria uma audição muito importante, pois era para um filme, algo inédito na sua carreira. E ocorreria na manhã seguinte!

Todos ficaram animados com a notícia, com a certeza de que, se Stefany fora chamada naquelas condições para uma audição imediata, o papel seria dela. Stefany mal dormiu de tanta animação para os testes da segunda-feira.

Realmente, foi tudo muito intenso. O protagonista do filme, com quem ela atuou nas audições, era um ator muito famoso, a que ela assistira na TV e no cinema diversas vezes e que admirava muito.

O teste durou quase duas horas. Selma aguardava apreensiva do lado de fora, esperando notícias. Tão logo Stefany apareceu, feliz por ter feito um excelente trabalho, Selma ficou ainda mais confiante com o resultado.

Em seguida, falou com o próprio ator, e ele disse ter ficado encantado com o talento de Stefany e que alguém da produção telefonaria para elas sobre o resultado da audição. Ambas voltaram para casa satisfeitas e esperançosas.

A partir de então, cada vez que o telefone tocava o coração acelerava. As duas pensavam que era a produção do filme com a notícia de que o papel seria dela.

Mas o tempo foi passando e a espera começou a ficar longa demais. Por ter sido uma audição feita às pressas, Selma tinha certeza de que o resultado viria logo, pois a produção estava pronta para o início das gravações.

Dois meses depois, ela ligou, e pediram que esperasse mais um pouco. Sem compreender ao certo, e sem qualquer opção além daquela, ela aguardou.

Seu espanto foi imenso quando, logo depois, viu pelas redes sociais que o filme estava sendo gravado. Nunca telefonaram para ela, nem ao menos para dizer que haviam escolhido outra atriz para o papel.

Foi um momento muito difícil de sua carreira. Stefany e seus familiares ficaram muito chateados.

A decepção havia sido grande, em meio a promessas e pedidos de espera.

Mais uma vez, seria hora de juntar os caquinhos causados pelo desânimo que despedaçara suas esperanças. Novas oportunidades viriam. Uma nova porta se abriria, após aquela ter se fechado tão bruscamente.

Stefany tinha fé. Passaria por tamanha decepção com a esperança de que algo melhor a aguardaria ao virar a esquina.

Após uma fase repleta de experiências difíceis, Stefany continuava sua luta diária para a realização de seus sonhos. Dessa forma, outro dia de testes havia chegado. E para algo bastante diferente: a regravação de uma novela.

Como sempre, ela encarou tudo com profissionalismo e naturalidade. A agência havia entrado em contato com Selma e feito o convite.

No dia marcado, Stefany apareceu pronta, com o texto decorado e o coração repleto de felicidade pela nova chance. Ela fez a audição e, em seguida, voltou para casa. Pareceu mais um dia normal.

Foi chamada novamente, voltou e fez outro teste. Ao fim deste, simplesmente retornou para sua vida. Ela havia aprendido a controlar suas expectativas depois da decepção com a audição para o filme anterior.

Agora, para a novela, mantinha-se segura e feliz, mas precavida. Não sabia ao certo o que esperar. Até que foi chamada, de novo, para mais uma audição.

Dessa vez, o clima estava bastante estranho no estúdio. Havia poucas crianças e Stefany estava acostumada a ver aquele lugar cheio.

Com as poucas crianças ali presentes, e seus pais, uma produtora veio e disse, sem maiores rodeios:

– Este não é um teste. Começa hoje uma nova fase na vida de vocês. Vocês agora são parte da novela *Carrossel*.

A vida passou como um vendaval pela cabeça de Stefany. Ela não podia mais ver nem ouvir nada. Todos ao seu redor gritavam, riam, choravam de emoção. As crianças, os pais, a equipe, todos comemoravam.

Fotógrafos imediatamente entraram no estúdio e começaram a documentar aquele momento. Câmeras clicando, flashes sendo disparados. Muito barulho e diversas luzes piscando.

Mas Stefany só conseguia olhar para dentro de si. Ela pensava naquela menininha, bastante pequena, que tentara abrir a televisão com ferramentas de plástico, alguns anos atrás.

Agora, ela estava ali. Acabara de escutar as palavras que mudariam sua vida para sempre. O momento pelo qual ansiara e com que sonhara desde que aprendeu o significado da palavra *sonho* havia chegado.

Ela estava ali, olhos abertos, coração batendo forte. Estava vivendo aquele instante. *Queria agarrá-lo e não o soltar nunca mais.* Era o seu momento, a hora do seu sonho.

Quando finalmente voltou a ter consciência do que acontecia, os novos colegas de trabalho e as demais crianças vieram abraçá-la, chamando para comemorar. Ela percebeu que aquela era a realização coletiva de um sonho. Ela era parte de um grupo para o qual tudo aquilo significava muito. Isso tornava a situação ainda mais especial, pois qualquer sonho compartilhado se torna maior. Vibrando de emoção, ela abraçou os amigos e deixou-se fotografar por entre lágrimas, sorrisos e saudações.

Mesmo assim, no meio de toda aquela gente, ela se voltou para a mãe e viu que Selma também tinha lágrimas nos olhos:

– Estou tão feliz por você, filha.

Abraçando-a com força, Stefany disse:

– Eu consegui, mamãe! Eu finalmente quebrei a tv!

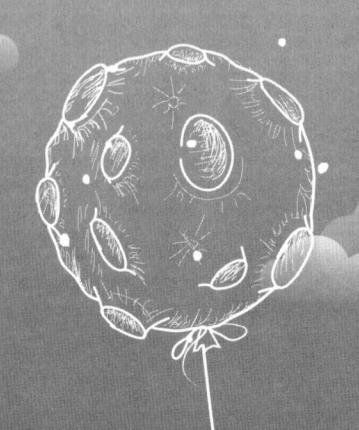

MANUAL DE SONHOS

Como se tornar um sonhador profissional

Por Clary, a menina que vive no espelho

Sétimo passo

Recomece após as derrotas e saiba comemorar as vitórias. É muito importante ficar sintonizado emocionalmente com os próprios sonhos.

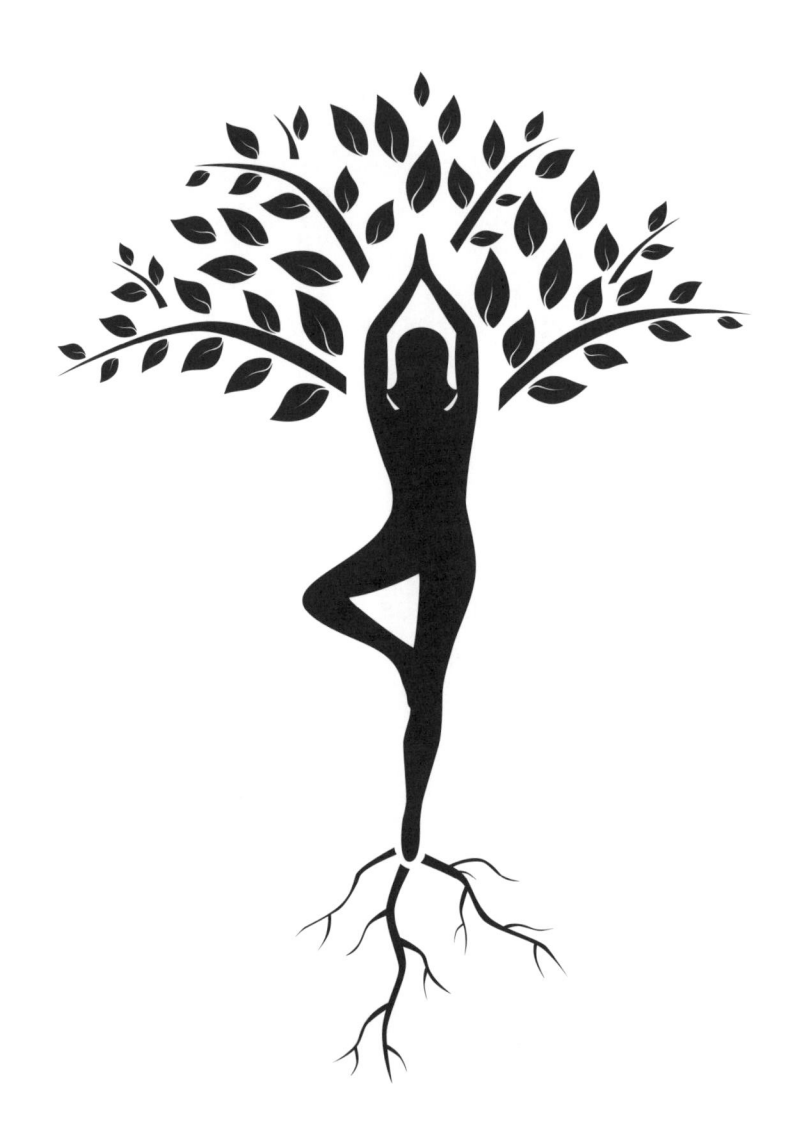

9. Descobrindo-se

    Clary anotava tudo em seu manual. Cada passo de Stefany, cada novo desafio, a forma como ela reagia. Cada vitória e a emoção de toda a família e de todos que torciam por seu sucesso. Era a jornada de uma verdadeira estrela. Algo lindo de se testemunhar.

    Observando Stefany através do espelho, ela começou a pensar cada vez mais em si própria e em como poderia utilizar todo aquele aprendizado em sua vida. Refletiu sobre o que mais amava e tentou encontrar respostas para aquilo que a deixava feliz. Não foi fácil, mas, acompanhando tudo o que ocorreu com Stefany, Clary conseguiu ter cada vez mais clareza sobre si.

    Primeiro, ela percebeu o quanto amava escrever tudo o que sentia. Aquilo a ajudou a se organizar e a se sentir melhor. Notou que, como Stefany, gostava de trabalhar com as emoções, com os sentimentos. Porém, de uma forma diferente. Não tendo talento para atuar (ao contrário de Stefany, que tinha de sobra), Clary entendeu que seu dom estava nas palavras.

Desde que decidiu escrever o manual dos sonhos para ajudar outras pessoas a se tornarem também "sonhadores profissionais", ela começou a se sentir mais feliz e motivada. Foi como se tivesse encontrado seu grande propósito.

Ela viu que, com suas palavras, atingiria outras pessoas e aquilo fez seu coração sorrir. Sem querer, durante o processo para desvendar quais eram seus sonhos, havia descoberto seu verdadeiro talento escondido.

Contudo, como Stefany sempre dizia, *sonhos dão trabalho*, e Clary não sabia por onde começar. Tinha certeza, porém, de que queria escrever. Não apenas o manual de sonhos, mas muitas outras coisas. Queria contar histórias e criar personagens, trabalhando com os sentimentos, como aprendeu com Stefany.

Tudo de que precisava estava ali: papel, caneta, um laptop, uma cabeça cheia de ideias e um coração feliz com a escolha. Havia encontrado o caminho e as ferramentas. Então, mãos à obra!

Clary passou os dias seguintes criando seus personagens. Sentia como se eles estivessem ali, e de certa forma estavam, pois viviam dentro de sua mente. Eles já tinham nome, objetivos e uma história.

Ainda assim, não era fácil exprimir aquilo em detalhes no papel. Então, ela resolveu observar Stefany mais um pouquinho pelo espelho e tentar encontrar mais dicas sobre como proceder. Foi exatamente na fase em que a amiga conseguiu realizar seu maior sonho: quebrar a TV.

Clary observou com atenção qual foi a reação de Stefany e de toda a sua família depois que ela voltou para casa, após receber a notícia de que entraria para o elenco da novela *Carrossel*.

Quando contou à avó o que tinha acontecido, as duas se abraçaram e pularam juntas, dando voltinhas no ar de felicidade.

– Eu sabia! – gritava a avó. – Eu sempre soube! Minha neta nasceu pra brilhar!

A família inteira estava extremamente emocionada com a novidade. Foi um dia maravilhoso aquele, bem como os que se seguiram, com a ansiedade pelo início das gravações, a preparação, a ida a *workshops* organizados pela emissora e sua equipe: uma nova página na vida de Stefany. Uma página, por sinal, que daria muito trabalho, mas que traria toda felicidade do mundo para ela e para todos que amava.

Assim, Clary anotou o que pôde, com lágrimas nos olhos, tamanha a sua emoção ao ver os passos daquela jornada. Ela entendeu que, para realizar os próprios sonhos, tinha que trabalhar muito. Tudo o que se conquista vem com muito esforço e determinação. Imaginou como seria maravilhoso alcançar seus objetivos e inspirar outras pessoas, como Stefany havia feito com ela.

Ela estava pronta. Não sabia ao certo qual seria o resultado, nem se conseguiria obter algum. Mas estava ciente do que queria, de todo o coração, e isso era mais do que suficiente para que seguisse em frente.

Era isso, era chegada a hora de sorrir para o futuro, pois as portas estavam finalmente começando a se abrir. Clary fechou os olhos, pensou naquilo que desejava e se comprometeu em fazer acontecer.

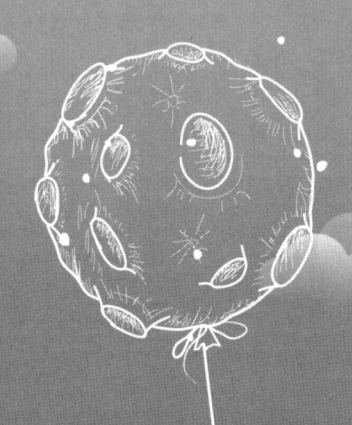

MANUAL DE SONHOS

Como se tornar um sonhador profissional
Por Clary, a menina que vive no espelho

Oitavo passo

Compartilhe seus sonhos. É importante encontrar pessoas que torcem pelo seu sucesso, assim como pessoas que têm sonhos similares e podem lhe ajudar a seguir em frente, de mãos dadas, com o mesmo objetivo.

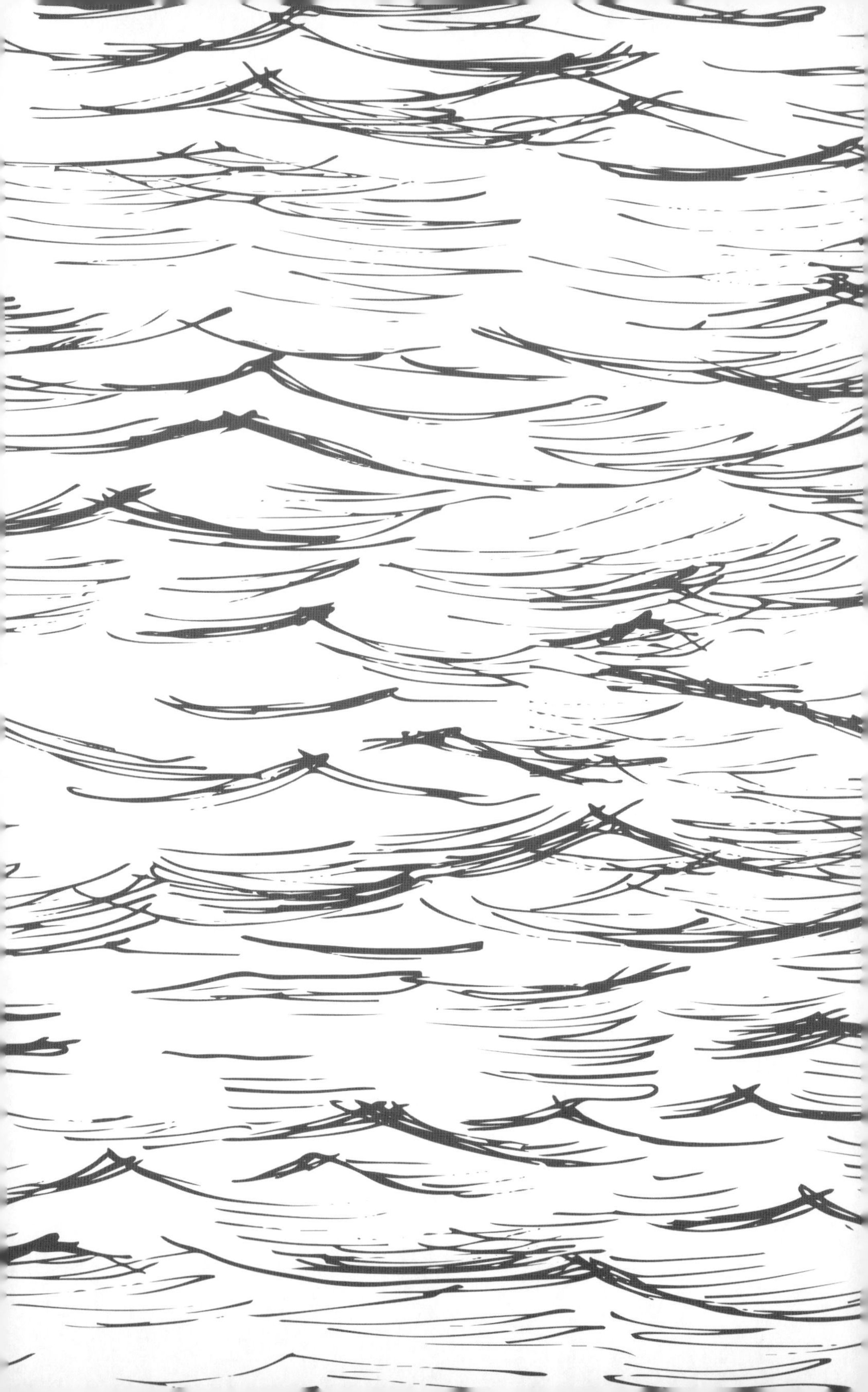

10.
Uma maré de boas notícias

Um mês após receber a notícia de que estrelaria a regravação de *Carrossel*, Stefany se encontrava totalmente integrada àquele novo projeto em sua vida. Já conhecia os novos amigos. Com alguns, inclusive, já tinha se deparado em algum momento de sua jornada em busca de uma carreira. Mas agora seria diferente, eles eram seus colegas de trabalho.

Gostando de todos, ela se deu bem com cada um deles. E gostou mais ainda de frequentar os *workshops* da produção, com aulas sempre muito interessantes.

Disseram a ela que, em uma novela, as cenas não eram gravadas na ordem em que vão ao ar. Portanto, podia ser que ela precisasse gravar uma cena em que estivesse muito feliz e, logo em seguida, outra que fosse bem triste.

Daí a importância dos *workshops*, cujo objetivo era orientar como os atores deveriam aprender a controlar suas emoções para as diferentes exigências de cada cena que precisariam gravar.

Ela também teve uma conversa muito interessante com o diretor, antes de as cenas começarem. Após ter feito o teste para determinada personagem da novela, este, um belo dia, avisou que ela havia sido escolhida para fazer uma figura diferente.

– Você será a Carmem!

Stefany ficou bastante surpresa, pois pensava que daria vida a outra menina. Sem saber nada sobre Carmem, ela adorou aquele nome e se sentiu feliz quando teve a chance de conhecer melhor sua personagem.

A professora da equipe começou a fazer dinâmicas de grupo, trabalhando a confiança dos jovens atores, conforme as gravações se aproximavam. Era fundamental que eles confiassem uns nos outros e desenvolvessem laços.

Um dia, pediu para Stefany vendar os olhos e deixar que um colega a guiasse por uma sala cheia de obstáculos.

– Você confia nele? – perguntou.

Receosa, Stefany disse:

– Confio.

Ela não sentiu verdade na resposta da menina, e devolveu:

– Você tem que confiar de todo o coração. Seus passos estão nas mãos dele!

Após alguns instantes completamente no escuro, com medo de sair do lugar, Stefany foi ganhando cada vez mais confiança no colega, que a conduzia com determinação.

As dinâmicas eram formas interessantes de trabalhar não apenas a confiança, mas o coletivismo, a necessidade que temos de contar com a ajuda de outras pessoas. Para um elenco que trabalharia em grupo, aquilo era fundamental. Como eles tinham o mesmo sonho, estavam unidos por algo extremamente poderoso, que ia muito além da compreensão.

Os dias foram se passando e os *workshops* logo se transformaram em provas de figurino, cabelo e maquiagem, cada nova etapa sendo muito especial.

Ao se dar conta, Stefany estava gravando oficialmente a sua primeira cena em *Carrossel*. Em pouco tempo, estava adaptada à nova rotina, entre os estudos e as gravações. E, acima de tudo, a cada dia, tornava-se mais confortável com a personagem Carmem, como se ela fosse uma parte sua, uma grande amiga que encontrava no trabalho, todos os dias.

Gravar era sempre um desafio. Ela tinha que lidar com diferentes emoções e passar longos períodos nos bastidores. Justamente por isso, ela e os colegas de elenco se tornavam cada vez mais próximos.

As atrizes, inclusive, fizeram o Clube das Meninas, com direito a carteirinha plastificada. Era em uma sala dos estúdios que estava desocupada, e elas ficavam ali, fofocando, jogando, fazendo lição de casa juntas. As horas se passavam bem mais rápido e elas ainda se divertiam, enquanto aguardavam suas respectivas cenas.

Ela também se tornou bastante amiga do Jean, que, além de colega de trabalho, era seu vizinho. Muitas vezes, iam e voltavam juntos, conversando sobre o dia de trabalho e como estava sendo aquela experiência que agora compartilhavam.

Stefany tinha pouco tempo para passear com a família e os amigos. A rotina de trabalho e de estudo era muito cansativa e exigia muitas horas. Em um dos raros momentos em que conseguiu dar uma volta no shopping, em um final de semana, Stefany teve uma grande surpresa.

A novela estava sendo exibida havia pouco tempo, embora já tivessem começado as gravações havia alguns meses, mas ela foi reconhecida assim que entrou no shopping! Várias pessoas vieram pedir fotos e autógrafos. Foi a primeira vez que isso aconteceu e, como não estava esperando, ela não soube muito bem como reagir. Ficou encantada com o carinho e a atenção que recebeu.

Desde o início, a novela estava sendo um sucesso tão grande que Stefany, sem querer, acabou causando um tumulto no local. A cada instante, mais pessoas paravam em volta. Todos queriam conhecê-la. Pacientemente, ela tirou fotos com todos que pediram. Isso voltou a acontecer diversas vezes.

A cada nova saída com a família ou amigos para algum lugar público, ela era reconhecida. E sempre atendia a todos os fãs com fotos, autógrafos e abraços. Sendo muito sorridente e alegre, ela fazia com que todos se emocionassem ao conhecê-la pessoalmente.

Certa vez, a multidão ficou tão grande que os pais precisaram levá-la de volta para o carro e interromper o passeio. Naquele dia, ela correu para o quarto e se jogou na cama, chorando.

– Filha, por que está triste? – perguntou Selma, indo ver o que tinha acontecido. – Você é um sucesso, todos a reconhecem aonde for.

– É exatamente por isso que estou chorando, mãe! Eu queria ter tirado foto com todas aquelas pessoas!

Compreendendo melhor a situação, Selma continuou:

– Eu entendo. E isso faz de você ainda mais especial. Mas eram muitas pessoas, não teria sido possível falar com todas elas.

– Queria pedir desculpas.

– Você não tem que se desculpar. Continue fazendo seu trabalho maravilhoso na novela, com a Carmem. Essa é a forma de retribuir o carinho dos outros.

E foi exatamente isso o que ela fez. Embora os passeios em shoppings, cinemas e restaurantes tivessem que ser mais raros e bem planejados, Stefany passou a se dedicar cada vez mais à personagem. Era cansativo e trabalhoso, mas ela se sentia mais feliz do que nunca.

Além disso, percebeu que não estava satisfeita com a assinatura que fazia nos autógrafos e passou um fim de semana inteirinho treinando até descobrir qual seria sua nova rubrica oficial.

Para ela, todo tempo dedicado aos fãs era precioso, pois sentia como se eles fossem seus amigos, uma vez que eram os verdadeiros responsáveis por ela estar onde se encontrava.

O sucesso de *Carrossel* trouxe, além dos fãs, muitas outras surpresas maravilhosas para sua vida. Ela comemorou seus 9 anos, já de absoluto sucesso, com uma festa maravilhosa. Ganhou a maquiagem e o penteado e vestiu-se com a roupa dos seus sonhos. Aquele dia, de tão radiante, foi um dos mais emocionantes de sua vida. Sentiu-se uma verdadeira rainha!

Outro presente que recebeu foi a maravilhosa notícia de que produtos baseados na novela seriam lançados no mercado, como materiais escolares e brinquedos. E ela havia sido escolhida para ser uma das bonecas.

Era isso mesmo! A Carmem teria a própria boneca! Era surreal pensar nisso. Tudo acontecia de uma só vez, enquanto ela trabalhava duro e se alegrava com cada nova boa notícia que os dias traziam.

O instante em que segurou a boneca com o seu rosto pela primeira vez foi inesquecível. Stefany ficou tão empolgada por ter uma boneca da Carmem que dormiu abraçada com ela naquela noite.

Era, afinal, o símbolo de uma grande conquista. E, falando das conquistas que essa fase lhe trouxe, ela conseguiu realizar a gravação de seu primeiro CD. Na verdade, não falaram que seria uma gravação oficial. Disseram apenas se tratar de um ensaio no estúdio musical. Dessa maneira, ela não ficaria nervosa.

Colocando em prática o que aprendera nas aulas de canto, na época de Raul Gil, e o amor que descobrira pela música, Stefany entoou todas as canções do CD com calma e graciosidade, imaginando que não era para valer. Quando terminou a última canção, recebeu a notícia de que aquela havia sido sim a gravação final e que as músicas estariam no CD.

Logo em seguida, gravou também seu primeiro videoclipe para a música "Não faz mal". Realmente, uma maré de boas notícias chegava a sua vida, fruto de sementinhas plantadas e regadas com esforço e amor, desde pequena.

Os sorrisos que decoravam sua face, com tantas novas realizações, eram mais do que merecidos. Assim, ela aproveitava e vivia ao máximo cada instante daqueles anos e suas grandes vitórias. Sorria mais e mais, dia após dia!

Terminada a novela, Stefany comemorou 11 anos com uma enorme festa, com a decoração que imaginou: o tema foi "doces", com cerejas e *cupcakes* gigantes. Em mais uma noite inesquecível, ela tinha que se beliscar de vez em quando para se lembrar de que não estava sonhando.

Pouco tempo depois, uma nova etapa profissional se iniciou e ela fez parte do elenco da série *Patrulha salvadora*. Com outros amigos de *Carrossel*, foi divertido voltar a gravar e, sobretudo, passar a ser uma "patrulheira mirim".

Quando Stefany parava para pensar em tudo o que estava acontecendo em sua vida nos últimos dois anos, tinha muitos motivos para sorrir e agradecer, sobretudo às amigas. Suas fiéis amigas a acompanharam durante todo o processo, apoiando, respeitando seu tempo limitado, compreendendo suas ausências e estando presentes sempre que podiam.

Suas grandes amigas – Giovanna, Letícia, Isabela, Vitória e Gabriely – foram parte importante em toda essa caminhada, na qual ela viveu seus sonhos, mas teve que saber manter os pés no chão e estar junto das pessoas que amava.

Stefany sempre valorizou muito as amizades e acredita que elas são fundamentais para a vida de qualquer pessoa.

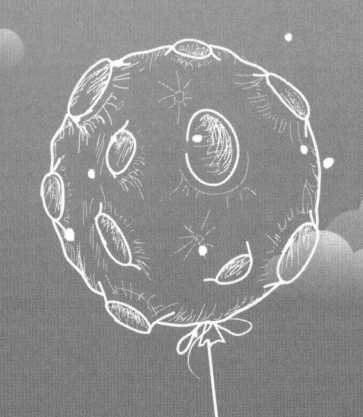

MANUAL DE SONHOS

Como se tornar um sonhador profissional

Por Clary, a menina que vive no espelho

Nono passo

Lembre-se de manter a cabeça nas nuvens e os pés no chão (busque estar sempre perto daqueles que o tornam quem você realmente é).

Depoimentos das amigas de Stefany

(Uma coleção de carinho guardada para sempre nestas páginas!)

Stefany e eu temos uma grande conexão! Também, manter uma amizade por onze anos não é para qualquer uma, né?! Agradeço a Deus por ter tido a chance de conhecê-la. Ela é uma pessoa que sei que sempre vou ter comigo!

Fico orgulhosa por ver quem ela se tornou e como amadureceu. Nós já brigamos muito, como em toda boa amizade, mas algum imã sempre nos puxou de volta uma para a outra!

Obrigada por tudo, amiga! Pode sempre contar comigo.

Giovanna

Minha amizade com a Stefany pode-se dizer que é bem diferente, pois não somos muito de demonstrar afeto, mas sei que, sempre que eu precisar dela, ela vai estar aqui por mim, e eu por ela! Antes, nossa convivência era muito maior, porque estudávamos juntas e nos víamos sempre, mas, mesmo com toda a correria da sua vida e a mudança de escola, nunca nos afastamos, e fico muito feliz por isso, pois vejo muitas amizades que acabam por falta de comunicação, e não quero perder uma amizade como a dela simplesmente por que não podemos mais nos ver todos os dias.

Uma coisa que admiro muito na Ste é que, por mais que ela tenha muitos compromissos, sempre procura estar presente e nunca deixa de fazer questão de estar com os amigos e a família! Ela é aquela pessoa que tem seus defeitos (como qualquer outra), mas cujas qualidades sempre se sobressaem! Já tivemos muitas brigas quando estudávamos juntas, por ciúmes e falta de paciência. Apesar de tudo, sempre voltávamos a nos falar, porque nossa amizade sempre foi mais forte que qualquer coisa. Enfim, é uma pessoa que, com certeza, vou querer levar para toda a minha vida!

Te amo, Stefany.

Letícia

Eu tenho tantos momentos com ela que acho que, se pudesse citar todos, seria preciso criar uma saga de livros.

Stefany foi alguém que, mesmo brigando sempre (porque brigávamos demais), sempre esteve presente do meu lado. Ela é uma pessoa que se importa de verdade se você está bem ou não está.

Ainda me lembro de uma vez em que machuquei o dedo, na escola. Apesar de ela não ter nada com isso, foi até o berçário e pegou uma pomada para passar nele. E fez assim todas as vezes que eu precisei.

Sou grata por ela e fico feliz por tê-la na minha vida. Ela é alguém que não vale a pena perder, porque aprendi o quanto é essencial a sua presença.

Desejo todo sucesso do mundo para ela, e que saiba lidar com ele. Espero que todos conheçam a real Stefany que eu tive a oportunidade de conhecer.

Quando o mundo for seu, ainda estarei aqui do seu lado. Você merece tudo de maravilhoso que se possa oferecer.

Eu te amo desde sempre, e para sempre!

Isabela

Minha amizade com a Ste começou na escola. Ela foi uma das primeiras pessoas a falar comigo. Até nas brigas, sempre conseguíamos resolver tudo ainda no mesmo dia.

Te amo muito, e fico feliz em te considerar uma das minhas melhores amigas.

Vitória

Não sei nem como começar a explicar essa amizade incrível que nós temos. Conheço a Stefany há tanto tempo, e foram tantos momentos incríveis, que não tem como esquecer, sabe?

Poderia ficar o dia inteiro escrevendo sobre o quanto ela é importante não só para mim, mas para todas as pessoas que a conhecem e sabem o quanto é uma garota especial e diferente de qualquer outra. Ela tem um jeito único e especial de lidar com as coisas e fazer com que, em um segundo, tudo fique bem.

O fato de ela ter mudado de escola não fez com que nossa amizade acabasse ou diminuísse, pelo contrário, sempre que vê alguma atualização em minhas redes sociais, ela me chama e a gente começa um papo que não acaba mais. Eu agradeço muito por nossa amizade, pois sei bem que poucas são assim tão verdadeiras.

Ela é uma pessoa maravilhosa, pelo fato de saber como valorizar e dar o melhor de si para que tudo fique bem e dê certo. Quando uma de nós está mal, ou algo do tipo, a primeira a aparecer e perguntar se está tudo bem é ela.

Stefany cuida dos amigos, e o jeito como ela fala deixa qualquer um bem, de uma forma que não sei explicar. Quero ver a felicidade dela, como ela quer ver a felicidade de todos que estão à sua volta. Sou muito grata, de verdade, pelo que ela já fez por mim e acredito que todos somos gratos por tê-la em nossas vidas. Ter uma amiga que podemos considerar uma irmã é algo muito raro.

Desejo tudo de bom para você, minha querida, e que cada vez mais as pessoas possam conhecer seu jeito maravilhoso de ser. Acredito que a amizade é um amor que nunca morre, e eu sempre vou estar aqui com você. Pode acreditar.

Te amo!

Gabriely

Dica da Stefany

E você, já pensou em montar sua coleção de carinho? Ou dizer para alguém o quanto sua amizade é especial e por quais motivos você a valoriza tanto?

Acredite, isso pode mudar o dia de alguém e trazer um sorriso para qualquer um. É sempre bom ser lembrado do quanto se é importante para outra pessoa!

11.
Um futuro brilhante

No fundo, Stefany sabia que perdia muita coisa. Não podia estar com as amigas o tanto que queria. Estava sempre muito ocupada com as gravações. Mas, justamente por amar muito o que fazia, tentava pensar que, na verdade, não estava perdendo nada. Apenas ganhando.

Ela compensava a falta de tempo junto das amigas com o trabalho, que era sua grande paixão. Assim, o tempo se passou e com ele veio o último dia de gravações de *Carrossel*, que foi muito emocionante.

A novela havia aberto as portas para possibilidades infinitas para o futuro de todas aquelas crianças, que agora eram grandes amigas, tendo compartilhado uma parte tão especial de suas vidas.

Stefany, sentindo um imenso carinho e gratidão, escreveu uma carta e colocou na porta do estúdio, naquele dia. Seu coração estava feliz e triste ao mesmo tempo. Feliz pelo que havia vivido e conquistado. Triste por ter que deixar tudo aquilo para trás. Uma nova etapa se iniciava e era hora de esperar ansiosamente e continuar batalhando por novas oportunidades no futuro.

Ela realmente sentia como se aquelas pessoas fossem sua segunda família. Não houve ninguém do elenco ou da equipe que não tenha chorado naquele momento de despedidas e recomeços.

Carrossel foi uma etapa linda e imensamente importante de sua vida. Era muito difícil dizer adeus para a Carmem. O que ela não sabia era que não seria bem um adeus. Todos sentiram falta da novela, sobretudo os fãs. E isso acabou tornando possível a realização de outros dois grandes sonhos para os envolvidos na produção: após o fim da novela, eles gravariam os filmes!

No distrito de Parelheiros, tempos depois, todos do elenco e da equipe se reencontraram, muito felizes por poderem reviver a magia de *Carrossel* e voltar a dar vida àqueles personagens tão amados. Stefany emocionou-se ao rever Carmem, o grande presente que recebeu.

As duas partes do filme foram um grande sucesso e uma forma de os participantes, inclusive o público, matarem as saudades da história e dizerem, por fim, adeus de verdade.

Todas as despedidas são difíceis. Stefany aprendeu isso com o coração doendo de saudades da Carmem e de trabalhar com seus amigos todos os dias. Porém, cada adeus abre espaço para um reencontro no futuro, e isso a fez voltar a sorrir. Além, claro, das lindas lembranças construídas, que se tornariam para sempre uma página especial de sua história.

O êxito de *Carrossel*, até depois do fim, continuou a trazer coisas lindas para a vida de Stefany. Ela e o elenco fizeram um musical com turnê pelo Brasil e direito a plateias gigantescas. A multidão os acompanhava por onde fossem.

Eles iam cantando no avião, felizes, viajando para diferentes destinos do país, sempre após muitos ensaios e coreografias bem difíceis. Cada gota de suor valia a pena, pois a alegria dos fãs que iam prestigiá-los não tinha preço. Stefany também passou a receber convites para frequentar *resorts* maravilhosos e ainda fez uma turnê musical.

Em 2017, ano em que completa 14 anos, ela continua buscando seus sonhos e trilhando o caminho do sucesso, levando seu brilho por onde passa. Com novos projetos de atuação, incluindo uma peça de teatro, ela também se dedica a dar mais tempo às pessoas que ama.

Mudou-se de escola, mas levou as grandes amizades consigo. Não é fácil para ela entrar em um novo grupo, principalmente porque as pessoas têm receio de que seja muito "metida", embora isso esteja longe da verdade. É a velha história que a avó um dia lhe ensinou: todos temem o que não conhecem. E o sucesso que Stefany vive, desde cedo, pode ser algo assustador para muita gente.

Ela também gosta de passar bastante tempo com os pais e as cachorrinhas. E é graças a todo esse amor que tem a capacidade de realizar seus sonhos. Com o coração cheio de sonhos para o futuro e possibilidades incríveis de brilhar, seja em que área for, Stefany, com orgulho e sensibilidade, diz:

– Você pode ser tudo o que quiser. Não há limites. As possibilidades para o futuro são infinitas. O importante é que saiba que não deve nunca desistir. Assim como não deve jamais se esquecer de quem realmente é e daqueles que ama: os familiares, os amigos e Deus.

MANUAL DE SONHOS

Como se tornar um sonhador profissional

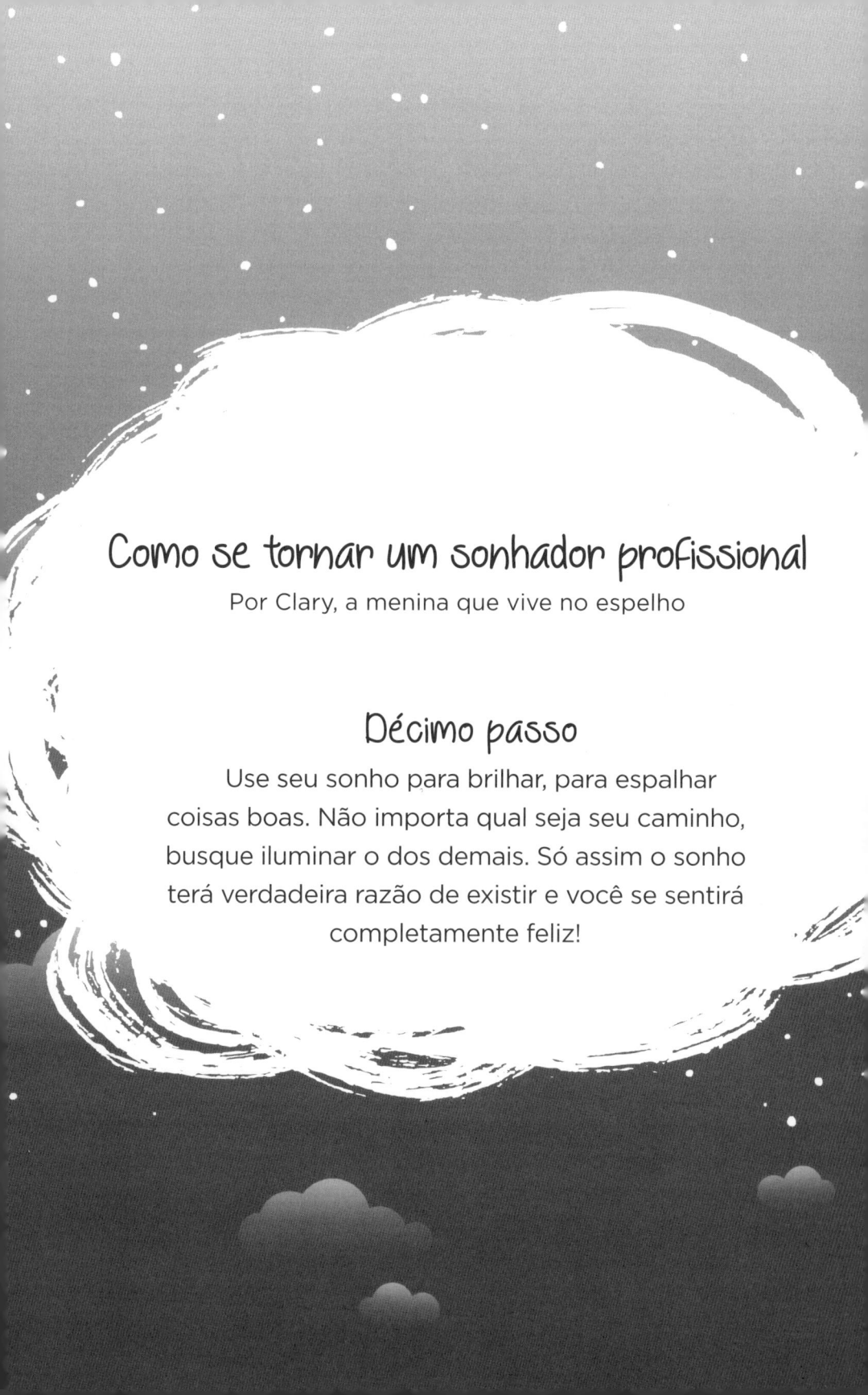

Por Clary, a menina que vive no espelho

Décimo passo

Use seu sonho para brilhar, para espalhar coisas boas. Não importa qual seja seu caminho, busque iluminar o dos demais. Só assim o sonho terá verdadeira razão de existir e você se sentirá completamente feliz!

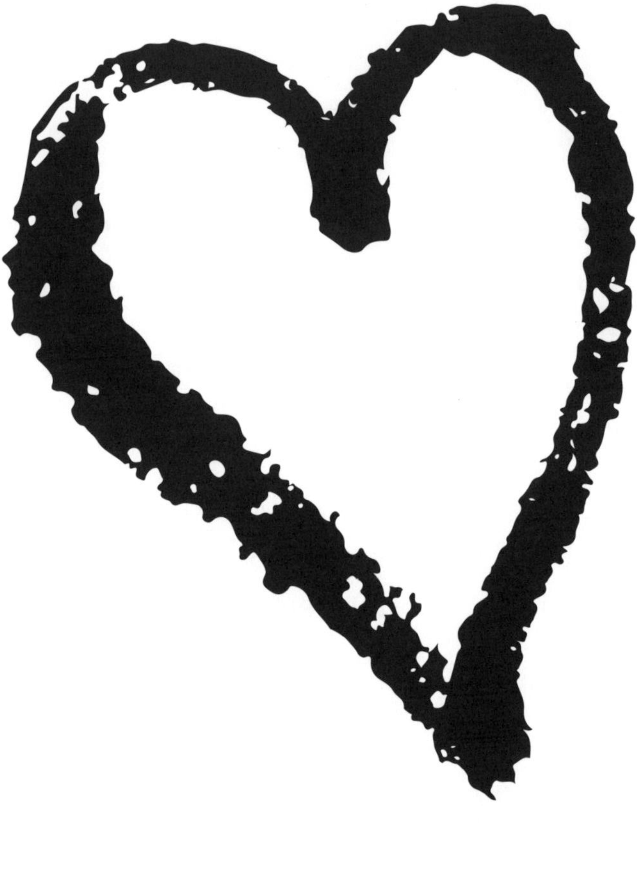

12.
Guiada pelo coração

Clary abriu os olhos. Estava tudo escuro. Desesperou-se por não conseguir ver nada. Esticou os braços, agitou as mãos e só aí se lembrou de sua realidade.

À medida que cresceu, admirou Stefany Vaz, a menininha que morava ao lado de sua casa e não tinha ideia de que Clary existisse, mas que sempre seguia seus passos. Ouvia muito bem suas conversas, planos e sonhos, alegrava-se quando Stefany alcançava uma nova conquista.

E usou tudo aquilo para seguir os próprios sonhos e se encontrar. Era difícil, especialmente porque ela nascera "especial". Seus olhos nasceram apagados. Ela nunca enxergou nada, exceto quando sonhava.

Clary sempre sonhava que vivia dentro do espelho de Stefany. Era emocionante pensar que, enquanto dormia, podia ver a face de seu ídolo, da pessoa que mais admirava. Embora nunca tivesse visto o rosto de ninguém, sabia descrever perfeitamente as feições de Stefany. Além disso, estando no espelho, ela via a si mesma: o próprio rosto em milhares de reflexos.

Agora, anos depois que os sonhos começaram a acontecer, desde que se viu dentro do espelho de Stefany pela primeira vez, Clary finalmente entendeu o que aquilo significava. Os sonhos eram uma forma de olhar para seu espelho interior, para seu reflexo. Conhecer-se, descobrir-se, espelhar-se no exemplo de alguém que admirava e que era quase da sua idade, Stefany Vaz.

Já uma adolescente, ela resolveu que, não podendo ver o mundo com os olhos, encontraria uma forma de abraçar o mundo inteiro com seus sonhos e sentimentos. Tendo aprendido com Stefany a sonhar e se dedicar, ela descobriu sua paixão pelas palavras.

Era preciso colocar isso em prática e começar a viver seus sonhos de verdade, não apenas quando estava dormindo.

Atendendo a um pedido da filha, a mãe de Clary levou-a a uma reunião para deficientes visuais. Ela nunca havia frequentado uma, mas queria compartilhar sua experiência. Queria falar dos sonhos e saber se seus colegas também sonhavam com aquilo que nunca puderam ver com os olhos.

A primeira reunião foi comovente. Clary aprendera com Stefany a importância dos amigos e dos sonhos compartilhados ao testemunhar o quanto a atriz havia se baseado na força das amizades verdadeiras para realizar seus sonhos.

Assim, sentiu logo uma forte conexão com aquelas pessoas que dividiam as mesmas apreensões e, como ela, também buscavam alguém para dividir experiências e anseios. Passou a ir aos encontros semanalmente.

Como sempre, gostava de anotar tudo o que testemunhava e, sem se dar conta, tinha algo valioso nas mãos: material suficiente para seu primeiro livro!

Estava prestes a enfrentar inúmeros desafios, afinal de contas, as pessoas começariam a julgar sem nem saber do que se tratava. "Como pode uma garota cega escrever um livro?", alguém cochichou, pensando que ela não ouvia.

Foi muito doloroso ouvir aquelas palavras, bem como tantas outras, mas ela aprendera muito sobre sonhos ao longo dos anos e, se havia uma coisa muito clara em sua mente, era que sonhos são grandes desafios.

Não é fácil sonhar, muito menos batalhar por seus sonhos. Entretanto, quem vence todos os desafios é que conquista o que mais deseja, de todo o coração.

Clary seria forte. A cada ofensa, a cada porta fechada, a cada pessoa que a ridicularizasse ou duvidasse que, um dia, seu livro chegaria às prateleiras, ela faria como Stefany: tentaria espantar a tristeza com um sorriso pensando nas coisas boas que aconteceram desde que descobrira o seu sonho.

Ela faria uma lista mental do que a deixava feliz e, dessa forma, as ofensas dariam lugar à esperança, para que, adiante, tudo tivesse valido a pena. Clary já sabia quem era e o que queria para o futuro. Era hora de seguir em frente.

O livro da Clary

Como viram, Clary é uma menina muito especial. Ela seguiu o exemplo da Stefany e descobriu quais eram seus próprios sonhos. Tanto uma como a outra desejam que você compreenda que, não importa quais sejam os seus sonhos, precisará lutar por eles, sempre tentando encontrar uma forma de torná-los realidade e de inspirar o mundo com eles.

Seja trabalhando em um hospital, em uma escola, em uma empresa, em uma loja ou em qualquer outro lugar, em qualquer área possível, você pode fazer a diferença, desde que siga o seu coração e lute por aquilo que ama de verdade. Não há limites para nenhum de nós quando se trata de ser feliz e de buscar espalhar essa felicidade.

Clary nasceu com os olhinhos fechados; ainda assim, olhou para dentro de si e enxergou um mundo de possibilidades. Ela escreveu um livro sobre suas experiências relatando seus sonhos, que se chama *Meus sonhos refletidos*.

Seu objetivo é compartilhar sentimentos e emoções com todos que desejarem conhecer sua história. Afinal, todo sonho compartilhado se torna mais poderoso.

Espero que gostem do trecho de seu livro, a seguir. Ela o escreveu com todo o coração, buscando espalhar seus sonhos pelo mundo (lembre-se de também fazer isso, de qualquer forma que seja: busque o tempo todo propagar o bem).

Meus sonhos refletidos
O livro da Clary

Um dia abri os olhos, mas tudo que vi foi escuridão. Não havia luzes ou cores no meu mundo. Estiquei os braços, gritei o mais alto que pude, me desesperei. Eu não conseguia enxergar nada, sendo essa a minha realidade, e seria para sempre, era o que eu pensava. Até o dia em que tentei abrir os olhos novamente e as luzes se acenderam; vi milhares de reflexos e brilhos, um mundo todo ao meu redor.

A princípio, fiquei confusa, pois quando estava ali, naquele quarto dentro do espelho, eu não me lembrava da minha realidade. Estava ali por um grande propósito: descobrir quem eu era e aonde queria chegar.

Encontrar meu próprio caminho dentro de mim mesma.

O tempo ali não passava.

Eu estava livre, com os olhos abertos, mas também me sentia presa, pois não conseguia descobrir quem eu era.

Stefany, a garota que vivia do outro lado do espelho, não sabia e nunca soube que eu existia.

Esse é o verdadeiro destino de uma estrela: ela ilumina mais vidas do que pode imaginar. Não sabe o nome de todos, não conhece cada um de seus fãs, mas toca suas vidas de forma intensa, mudando seus caminhos e sonhos, sendo um exemplo, um guia.

Foi tudo isso que ela foi para mim. Ajudou-me a me encontrar quando eu estava perdida, presa dentro de reflexos dos meus próprios sonhos, que eu não sabia decifrar.

O tempo passava para a Stefany, ela crescia e amadurecia. Eu, ali no espelho, só via a vida passar.

Quando acordava e me lembrava dos meus sonhos, pensava que eram pesadelos.

Até que resolvi mudar.

Entendi que, para seguir em frente, tinha de me conhecer e compreender qual caminho queria seguir.

Por meio das palavras eu encontrei meu destino.

Cada pessoa tem uma jornada diferente, o importante é sempre seguir em frente.

Eu demorei um pouco para encontrar minha estrada, mas, quando encontrei, ela passou a ser minha razão de viver.

E eu me orgulho de ter tido a Stefany como luz nesta estrada.

A vida é assim: a gente busca luz no brilho daqueles que estão ao nosso redor, depois, a gente ganha brilho próprio e passa a também iluminar o caminho dos demais.

É isso que tenho tentado fazer.

E, nessa jornada maluca de descobrimento e aceitação, entendi que todos somos diferentes e especiais por algum motivo.

Meus olhos são fechados, mas abrem-se nos sonhos.

Stefany quebrou a TV e, desde pequenininha, conquistou a fama e muitos fãs.

Cada um de nós tem um caminho e um propósito, e é justamente por isso que a vida é tão bonita. Mesmo não podendo ver, eu posso sentir. E sorrio ao pensar em tudo isso.

Talvez seja esse o motivo de a vida ter me dado um maravilhoso presente.

Abri os olhos e as luzes ofuscaram minha visão por um momento.

Estava muito claro e o brilho era maravilhoso.

Sentei-me na cama e observei por alguns instantes o quarto ao meu redor.

O antigo quarto dentro do espelho.

Após tanto tempo, eu estava de volta.

Demorei para entender o que estava acontecendo.

Dessa vez, diferentemente de todas as outras, eu estava ali, por entre meus próprios reflexos, mas estava livre. Não me sentia mais uma prisioneira do espelho e dos meus sonhos.

Sim, porque meus sonhos agora tinham um propósito. Um motivo real para brilharem.

Aquele era mais um sonho em que meus olhos conseguiam enxergar a realidade, e me senti bem, de uma forma nova.

Foi então que vi algo de que jamais vou me esquecer.

Stefany olhava para dentro do espelho.

Ela não podia me ver, mas, de alguma forma, sei que ela podia sentir que eu estava ali.

Queria dizer o quanto eu era grata por ela ter me guiado na descoberta dos meus sonhos, enquanto lutava pelos seus próprios, sem nunca desistir.

Mas eu não disse nada.

Em silêncio, aproximei-me do espelho. Passo a passo, com cautela, sentindo o coração bater forte no peito.

Lembrei-me de quando ela pegou as ferramentas de plástico. Tinha tanto orgulho do quão longe ela havia chegado.

Uma lágrima escorreu por minha face.

Lembrei-me, então, de mim mesma. De como era a sensação de abrir os olhos e ver o mundo nos meus sonhos, de como agora eu me sentia dividindo tudo isso com meus amigos na reunião de deficientes visuais. Era bom falar e me expressar e narrar momentos assim, como estou fazendo agora, dividindo tudo isso com vocês.

Pensei no quanto amava dividir meus sentimentos e minhas histórias e como meu caminho seria este: colocar em palavras tudo o que sentia e vivia. Tudo o que via, mesmo de olhos fechados.

E lutar para que minhas histórias ganhassem o mundo.

Refletindo sobre tudo, cheguei bem próximo ao espelho e estiquei uma das mãos.

Como se soubesse o que acontecia do outro lado, atrás de seu reflexo, Stefany, instintivamente, também esticou uma das mãos.

As pontas de nossos dedos se encostariam, não fosse pelo espelho que as separava.

Estávamos unidas.

Brilhávamos através dos reflexos de nossos sonhos. Sonhávamos juntas. Éramos quase como uma só, afinal de contas, dividíamos sonhos, e não há nada mais especial que isso.

Nossos sonhos eram refletidos.

Epílogo

Stefany atualmente pensa em sua carreira, que está completando dez anos! Ela se lembra com muita alegria de tudo pelo que passou para alcançar seus objetivos. E tem algo muito claro em sua mente: não importando o rumo que sua vida vai tomar, ela continuará seguindo seu coração, levando alegria para as pessoas e construindo novos sonhos.

Todas as suas experiências como atriz foram memoráveis. Desde pequena, tentando quebrar a TV, as primeiras oportunidades, as participações no *Programa Raul Gil*, as portas que se fecharam e todas as outras que se abriram, como a novela *Carrossel*, que mudou sua vida para sempre.

Nem todos os dias foram fáceis, mas todos valeram a pena. E, no final das contas, é só isso que importa. Ela segue a vida ao lado daqueles que ama, sempre sorrindo, buscando iluminar tudo com seu brilho de estrela.

Certo dia, ela chegou em casa, após um longo dia na escola, e encontrou uma caixinha de papelão embrulhada com um bonito papel de presente. Com cuidado, abriu o pacote, tendo a certeza de que se tratava de algo feito com muito carinho. E ela estava certa.

Era um presente de Clary! Durante os anos em que visitou o espelho de Stefany, nos sonhos, sem que a atriz soubesse, Clary desenvolveu uma história. Dessa vez, não era algo real como o manual de sonhos, nem os contos sobre sua participação nas reuniões. Essa história era diferente e muito especial.

Era a primeira que ela criara, baseada em personagens que existiam apenas em sua mente e seu coração. Por se tratar de algo que ela só foi capaz de fazer ao observar a determinação da atriz na busca de seus sonhos, Clary achou que Stefany deveria ser a primeira a ler.

Ela prossegue buscando uma chance de se tornar uma grande escritora. Mas, ainda que a chance não tenha surgido, até agora, ela tem certeza de uma coisa: cada porta fechada significa apenas que algo melhor está à espera, logo ali, virando a esquina, na longa estrada que chamamos de vida.

Stefany folheou o presente de Clary, a menina que entre reflexos enxergou a si própria por dentro pela primeira vez, leu as páginas escritas por aquela garota tão especial, e seu coração sorriu... feliz.